# WIE ZUKUNFT ENTSTEHT

Jörg Blechschmidt

Impressum © 2023 Dr. Jörg Blechschmidt

Texte und Grafiken: © 2023 Dr. Jörg Blechschmidt
Umschlaggestaltung: © 2023 Dr. Jörg Blechschmidt

Dr. Jörg Blechschmidt
Geschwister-Scholl-Straße 24
55270 Zornheim

Independently published
Alle Rechte vorbehalten

# INHALT

*für Rosi und Horst*

# VORWORT

Im Dezember 1993 wird die Stadt Köln von einem Jahrhunderthochwasser heimgesucht. Der Rhein, auf der Höhe von Köln ein breiter und normalerweise gemächlich fließender Fluss, überwindet die Hochwasserschutzmauern an den Ufern und überflutet die Altstadt. Ein Pegelstand von weit über zehn Metern ist seit dem Jahr 1926 nicht mehr erreicht worden. Alle großzügig ausgebauten Schutzeinrichtungen reichen nicht aus, die Wassermassen zu beherrschen.

Ich erinnere mich noch gut an die mediale Präsenz dieses Ereignisses. Zeitungen und Fernsehen – das Internet gibt es damals noch nicht – bringen die Sensation in die Aufmerksamkeit der Deutschen. Ein Jahrhundertereignis! Auch ich bin geschockt, allerdings nur so lange, bis die Wasserpegel wieder sinken und sich das Leben in Köln normalisiert. Schließlich ist es ein seltenes Ereignis, das nur einmal im Jahrhundert vorkommt. So dachte ich jedenfalls.

Ein gutes Jahr später, im Januar 1995, ist es wieder so weit. Der Rhein bei Köln übertrifft den letzten Höchststand noch um einige Zentimeter, man spricht von einer zweiten Jahrhundertflut. Die Bilder sind die gleichen, wenn auch die Schäden etwas geringer ausfallen. Die Überraschung ist nicht mehr so groß, man hat die Situation des Vorjahres noch in Erinnerung.

Als im Januar 2003 ein weiteres, nicht ganz so hohes Hochwasser auftritt, wird der Begriff Jahrhundertflut schon vorsichtiger verwendet. Es geht als "Neujahrshochwasser" in die Stadtgeschichte ein. Damals wurde mir klar, wie schwierig der Blick in die Zukunft ist, dass sich altes Wissen und bestehende Erfahrungen nicht einfach fortschreiben lassen und dass Überraschungen eher die Regel als die Ausnahme sind. Aber warum?

Seit einigen Jahren beschäftige ich mich beruflich mit der Zukunft. In unserem Team erkennen wir neue Entwicklungen, setzen sie in den spezifischen Kontext unseres Unternehmens und schaffen so eine Grundlage für strategische Entscheidungen. Niemand kann die Zukunft vorhersagen, aber sie ist auch nicht beliebig. Grundlegende Mechanismen und Wechselwirkungen führen zu sich wiederholenden Entwicklungsmustern. Das frühzeitige Erkennen typischer Verläufe hilft, sich auf die Zukunft vorzubereiten. Die Auseinandersetzung mit möglichen Überraschungen verkürzt die Reaktionszeit im Eintrittsfall.

Ausgehend von meinen Erfahrungen lade ich Sie zu einer kleinen Reise in die Mechanismen der Zukunft ein. Viele Denkanstöße, gepaart mit ein wenig Wissenschaft, sollen uns begleiten. Und vielleicht finden Sie auch Antworten auf die häufige Frage, warum es wieder einmal anders gekommen ist als erwartet.

# PROLOG

Noch im Mittelalter glauben die Menschen an ein göttliches Schicksal. Das Leben wird von einer höheren Macht bestimmt. Der eigene Einfluss beschränkt sich darauf, den Weltenlenker durch Gebete und gute Taten milde zu stimmen. Wahrsagen ist die einzige Möglichkeit, einen Blick in die Zukunft zu werfen. In der Antike befragen die Griechen das Orakel von Delphi. Im 19. Jahrhundert sind Tarotkarten das Mittel der Wahl.

Mit der Renaissance wandelt sich das Weltbild. Der Mensch begreift sich zunehmend als Gestalter seiner eigenen Zukunft. Wissenschaft und Kunst gewinnen an Bedeutung und mit ihnen das Selbstbewusstsein, den Lauf der Welt aktiv mitgestalten zu können. Mit dem wachsenden Verständnis der Natur und neuen technischen Entwicklungen wird es möglich, das eigene Schicksal in bessere Bahnen zu lenken.

Die heutige Welt ist von Technologie geprägt. Wir verbringen den größten Teil des Tages in klimatisierten Räumen, abgeschottet von der Natur. Kaum jemand geht ohne Smartphone aus dem Haus. Maschinen und Fahrzeuge ermöglichen einen Lebensstandard, der noch vor fünfzig Jahren unerreichbar schien. Und künstliche Intelligenz macht vielleicht eines Tages uns selbst überflüssig.

Die Entwicklung der Zukunft ist vielschichtig und komplex. Doch in der Unübersichtlichkeit gibt es wiederkehrende Muster und Mechanismen, die einer tieferen Logik folgen. Ihre Kenntnis hilft uns zu erahnen, was auf uns zukommt. Und vielleicht können wir die Zukunft dann positiv beeinflussen.

Leider gehen wir viel zu sorglos mit der Zukunft um. Unsere Schulbildung vermittelt uns den Eindruck, alles erklären zu können. Wir lernen die Grundlagen der Physik und verstehen die Biologie. Wir lernen Sprachen und ihre grammatikalischen Regeln. Der Geschichtsunterricht zeigt uns die Entwicklung der Vergangenheit und wir verstehen die kausalen Zusammenhänge der Ereignisse.

Wir lernen nicht, dass die Vergangenheit ganz anders hätte verlaufen können, wenn andere Menschen in anderen Positionen gewesen wären oder Ereignisse anders verlaufen wären. Im Rückblick erscheint alles logisch. Wir erfahren nur am Rande, dass unsere physikalischen Gesetze auch nur Modelle sind, die sich in vielen Bereichen bewährt haben, in anderen aber versagen. Kaum ein Wort über den riesigen Bereich dessen, was wir noch nicht verstehen. Und vor allem lernen wir nichts über die Zukunft, die Zeit, in der wir später leben werden.

Im Englischen hat sich der Begriff *Futures Literacy* etabliert. Man könnte diesen Begriff mit Zukunftskompetenz übersetzen. Gemeint ist die Fähigkeit, durch die Beschäftigung mit der Zukunft Veränderungen besser zu verstehen, um mit ihnen angemessen umgehen zu können. Im Begriff Futures Literacy steht die Zukunft im Plural. Wenn wir in die Zukunft blicken, sehen wir immer viele mögliche Zukünfte. Einige sind wahrscheinlich, andere weniger oder sogar unwahrscheinlich, aber nicht unmöglich. Welche dieser Zukünfte später zur Gegenwart wird, ist heute noch offen und in vielen Fällen sogar von uns beeinflussbar.

Mit diesem Buch erwerben Sie Ihre eigene Futures Literacy. Ich möchte Sie an verschiedene Fragestellungen heranführen, die Ihnen beim Nachdenken über die Zukunft begegnen werden. Dabei ist mir der Blick in die Breite wichtiger als die fachliche Tiefe, das grundsätzliche Verständnis entscheidender als die konkrete Anwendung in der Praxis. In den Literaturempfehlungen am Ende des Buches finden Sie Möglichkeiten, Ihr Wissen zu vertiefen.

# IST ZUKUNFT ZUFALL?

**B**evor wir uns der Zukunft zuwenden, sollten wir uns überlegen, was wir eigentlich meinen, wenn wir von Zukunft sprechen. Eigentlich scheint es ganz einfach: Die Gegenwart trennt die Vergangenheit von der Zukunft. Die Vergangenheit ist bereits geschehen, sie ist eindeutig und nicht mehr beeinflussbar. Die Zukunft ist alles, was noch vor uns liegt. Sie ist ungewiss und kann Überraschungen bereithalten. Auf dieser Abstraktionsebene ist der Begriff Zukunft relativ klar.

Aber das ist es nicht, was wir meinen, wenn wir an die Zukunft denken. Für kurze Zeiträume wissen wir meist sehr genau, was uns erwartet. Morgens am Frühstückstisch interessieren uns vielleicht nicht die nächsten Minuten, sondern ob der Bus zur Arbeit pünktlich kommt. Wenige Wochen vor dem Abitur beziehen wir die Zukunft vielleicht auf das geplante Studium. Später im Berufsleben ist es möglicherweise der Eintritt in den beruflichen Ruhestand.

Unabhängig vom konkreten Anlass interessiert uns an der Zukunft in der Regel die Veränderung. Die Gegenwart erstreckt sich gefühlt über den bekannten, stabilen Zeitraum. Die Zukunft ist die Zeit danach. Die Gegenwart hat also eine gewisse Dauer, die wir nutzen könnten, um uns auf die Zukunft vorzubereiten, wenn wir nur wüssten, was uns erwartet. Besser noch, wir könnten die Zukunft aktiv gestalten.

Die Vorbereitung auf die Zukunft kann aber nur gelingen, wenn wir ein klares Bild von ihr haben. Aber könnte es sein, dass der Lauf der Welt zufällig ist? Können wir die Zukunft vielleicht gar nicht gestalten, weil alles beliebig geschieht? Können wir uns überhaupt darauf vorbereiten, wenn alles möglich ist? Das hätte interessante Konsequenzen. Wir könnten fatalistisch tun und lassen, was wir wollen. Die Zukunft nimmt sowieso ihren Lauf.

Natürlich kann diese Schlussfolgerung in ihrer Einfachheit nicht richtig sein. Zumindest unseren eigenen Weg bestimmen wir mit. Wenn wir uns entscheiden, morgens nicht aus dem Haus zu gehen, um zur Arbeit zu fahren, wird uns auf dem Weg dorthin kein Unfall passieren können. Wir werden aber auch nicht die nette Person in der Straßenbahn treffen und unser Arbeitgeber wird sich wahrscheinlich über unsere Abwesenheit wundern.

Gehen wir aber wie jeden Morgen zur Arbeit, so kann es wiederum sein, dass die Straßenbahn zufällig Verspätung hat. Oder die nette Person, die wir eigentlich treffen würden, hat heute die Bahn verpasst. Diese Zufälle haben Gründe. Die Straßenbahn kam aufgrund des starken Verkehrs langsamer als gewöhnlich voran. Und die nette Person hat zu Hause ihre Schlüssel nicht gleich gefunden und erreichte deshalb zu spät die Haltestelle.

Es könnten auch andere Ursachen zu einer Verspätung führen. So sind technische Probleme an der Bahn oder der Infrastruktur denkbar. Ein Verkehrsunfall kann die Strecke blockieren, der Einstieg der Fahrgäste verzögert sich, eine klemmende Tür, ein Notfall im Zug und vieles mehr. Auch wenn jede einzelne Verspätung im Nachhinein erklärt werden kann, ist eine verlässliche Prognose aufgrund der vielen unterschiedlichen Mechanismen nicht mehr möglich. Auftreten und Dauer von Verspätungen erscheinen zufällig.

Es gibt unterschiedliche Arten von Zufall. Beim *objektiven*

*Zufall* treten zwei Ereignisse unabhängig voneinander ein: In Hamburg springt eine Ampel auf Rot und gleichzeitig fängt in Mailand eine Amsel an zu zwitschern. Beide Ereignisse haben keinerlei kausale Verknüpfung: Ob das eine Ereignis stattfindet oder nicht beeinflusst nicht die Eintrittswahrscheinlichkeit des anderen Ereignisses.

Von Zufall spricht man aber auch bei Ereignissen, die zwar eine Ursache haben, diese aber nicht erkennbar ist. Entweder ist sie nicht sichtbar oder die Auslöser sind so vielfältig und schwer zu erfassen, dass das Ereignis praktisch nicht vorhersehbar ist. Letzteres ist bei unserer Straßenbahn der Fall.

In vielen Fällen zeigt sich jedoch, dass der Zufall einer Statistik folgt. So sind kleine Verspätungen häufig, große Verspätungen selten. Und die Straßenbahn kommt kaum einmal zu früh, weil die Fahrer angewiesen sind, die Haltestellen nicht vor der fahrplanmäßigen Abfahrtszeit zu verlassen. In der Realität sehen wir also eine Mischung aus Zufall und deterministischen Elementen.

Nicht jedes zufällige Ereignis ist also unvorhersehbar, denn viele Zufälle haben einen Grund, auch wenn dieser nicht immer erkennbar oder zumindest nicht berechenbar ist. Lassen Sie mich dies am Beispiel eines Bogenschützen erläutern.

Beim olympischen Bogenschießen werden Pfeile aus einer festgelegten Entfernung auf eine Zielscheibe mit konzentrisch angeordneten Ringen geschossen. Das Treffen des innersten Kreises bringt die höchste Punktzahl, die weiter außen liegenden Ringe werden mit sukzessiv abnehmenden Punktzahlen bewertet. Der Schütze zielt daher immer in die Mitte der Scheibe, wobei er die leicht gekrümmte Flugbahn des Pfeils auszugleichen versucht.

Wer schon einmal selbst Bogen geschossen oder einen Wettkampf beobachtet hat, weiß, dass auch ein guter Schütze nicht immer die Mitte der Scheibe trifft. Die Treffer verteilen sich über die Fläche der Scheibe, und neben vielen Treffern nahe der Scheibenmitte gibt es auch immer wieder Pfeile, die weiter außen einschlagen. Auch hier spielt der Zufall eine Rolle. Vielfältige Faktoren wie ein leichtes Zittern oder eine ungleichmäßige Atmung des Schützen, eine unterschiedliche Spannung der Sehne oder kleine Luftbewegungen verändern die Flugbahn des Pfeils und führen zu einer Streuung der Treffer um das Zentrum.

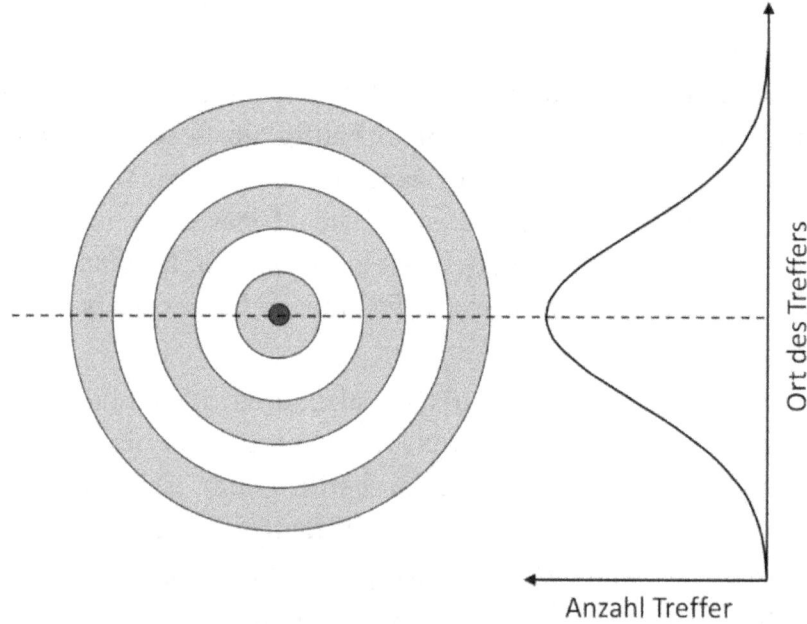

Dieser Sachverhalt lässt sich mathematisch sehr gut beschreiben. Die Statistik verwendet für diese Art der Zufallsverteilung das mathematische Modell einer *Glockenkurve*, die so genannte *Gauß-* oder *Normalverteilung*. In unserem Beispiel beschreibt sie die Häufigkeit der Einschläge in Abhängigkeit vom Abstand zur Scheibenmitte. In der Mitte ist sie sehr hoch und nimmt mit zunehmendem Abstand ab. Unzählige Experimente haben bestätigt, dass die

Normalverteilung solche Zufallsereignisse mathematisch sehr gut beschreibt. Würde unser Bogenschütze, ohne zu ermüden, viele Pfeile abschießen und die Treffer in den jeweiligen Ringen zählen, so ergäbe sich eine solche Verteilung.

Wie sieht nun die Situation für einen weniger guten Bogenschützen aus? Die grundsätzlichen Überlegungen bleiben die gleichen. Aber die Einflussfaktoren werden stärker. Ein weniger geübter Schütze wird möglicherweise mehr zittern und unregelmäßiger atmen. Die Flugbahn eines mit geringerer Kraft abgeschossenen Pfeils wird stärker durch äußere Einflüsse abgelenkt. All das wird sich auf die Treffgenauigkeit auswirken. Als Ergebnis entspricht die Verteilung der Treffer wieder der Normalverteilung, aber mit einer größeren Breite und einer geringeren Höhe in der Mitte. Es werden weniger Pfeile in der Nähe des Zentrums einschlagen und dafür mehr in den weiter entfernten Ringen.

Wir haben über unsere Messung zunächst einmal die Vergangenheit beschrieben. Das können wir nun für unser Verständnis der Zukunft nutzen. Wenn sich an den Rahmenbedingungen nichts ändert, so wird derselbe Schütze auch in Zukunft eine ähnliche Trefferquote haben. Wir können die Verteilung damit als Wahrscheinlichkeit interpretieren. Wie wahrscheinlich ist es, dass der nächste Pfeil das Zentrum trifft? Wie wahrscheinlich wird er in einem anderen Ring landen?

Damit können wir die Zukunft zu einem gewissen Grad vorhersagen, wenn auch nicht in einem deterministischen Sinne. Wo genau der nächste Pfeil treffen wird, bleibt ungewiss. So kann der nächste Pfeil des schlechten Schützen einer der wenigen sein, der genau die Mitte trifft. Und der Pfeil des guten Schützen geht diesmal etwas daneben: Der schlechtere Schütze gewinnt! Da aber in einem Wettkampf mehrere Pfeile geschossen werden, macht sich mit jedem weiteren Schuss die Normalverteilung bemerkbar und gleicht die wenigen Ausreißer im Gesamtergebnis aus. In der Regel gewinnt dann doch der bessere Schütze.

Die Normalverteilung lässt sich zudem leicht als Formel ausdrücken und mit ihr rechnen. Wenn wir es mit mehreren normalverteilten Faktoren zu tun haben, können wir die Wahrscheinlichkeit für eine beliebige Kombination möglicher Zustände berechnen. Wenn wir die Trefferverteilungen unserer zwei Bogenschützen kennen, können wir zum Beispiel die Wahrscheinlichkeit dafür berechnen, dass der schlechtere Schütze in einem Wettkampf nach drei Schüssen doch einmal vorne liegt.

Was haben wir damit über die Zukunft gelernt? Es gibt nicht nur eine mögliche Zukunft, sondern viele. Abhängig von den Wahrscheinlichkeiten verschiedener Ereignisse wird die eine oder die andere Zukunft eintreten. Aber mit Kenntnis der Statistik können wir die wahrscheinlichste Entwicklung bestimmen und uns auf sie vorbereiten, auch wenn wir nie sicher sein können.

Mit dem Modell der Normalverteilung steht uns zudem ein mathematisches Werkzeug zur Beschreibung und Berechnung von Wahrscheinlichkeiten zur Verfügung. In vielen Bereichen, zum Beispiel in den Naturwissenschaften, aber auch in der Betriebswirtschaftslehre, wird dieser Ansatz häufig verwendet und führt nicht selten zu überraschend validen Prognosen. Bevor Sie aber den Eindruck gewinnen, die Zukunft sei mathematisch - im Sinne von Wahrscheinlichkeiten - beschreibbar, möchte ich auf zwei weitere Aspekte eingehen.

Eine Grundannahme der Normalverteilung ist die Stabilität der Rahmenbedingungen. Die mathematische Beschreibung beruht auf der Beobachtung der Vergangenheit: Unser Schütze schießt viele Pfeile und wir zählen die Treffer pro Ring. Nun trainiert der Schütze hart und wird immer besser. Die Streuung der Pfeile wird zunehmender Übung geringer, die Normalverteilung wird schmaler.

Aber was passiert, wenn der Schütze einen anderen Bogen benutzt, sich die Luftfeuchtigkeit in der Halle ändert oder ein leichter Seitenwind aufkommt? All diese Faktoren werden die Normalverteilung beeinflussen. Manche führen zu schleichenden Veränderungen - intensives Training führt zu einer schmaleren, höheren Verteilung - andere, wie der Seitenwind, haben einen abrupten, unerwarteten Einfluss. Dann versagen die einfachen mathematischen Modelle.

Auch hieraus können wir etwas für die Zukunft lernen: In Situationen mit stabilen Rahmenbedingungen lassen sich zukünftige Ereignisse mit größerer Sicherheit vorhersagen als in komplexen Umgebungen, die vielen äußeren Einflüssen unterliegen. Für unseren Bogenschützen macht es einen Unterschied, ob der Wettkampf in einer geschlossenen, gut beleuchteten Halle oder im Freien bei schlechtem Wetter stattfindet. Die natürlichen Umgebungsbedingungen wie Temperatur und Wetter sind eine Art Rahmenbedingung. Da wir es selbst in der Hand haben, eine geeignete Wettkampfhalle zu bauen, können wir die Rahmenbedingungen oft selbst bestimmen - und machen davon auch regen Gebrauch.

Gesetze, Normen und Vorschriften sind einige Beispiele dafür, wie wir die Zukunft beherrschbar machen. Verkehrsregeln schränken die Freiheiten im Straßenverkehr ein und führen zu einer Zukunft mit weniger Verkehrsunfällen. Normungen führen zu einem guten Zusammenspiel unterschiedlicher Objekte und Maschinen, etwa genormte Papierformate (DIN A4 etc.) und die dazu passenden Ordner, Briefumschläge, aber auch Drucker und Scanner sowie Maschinen für automatische Sortierung, Faltung und vieles andere mehr.

Je nach betrachteter Entwicklung können die jeweils relevanten Rahmenbedingungen sehr vielfältig sein. Wir werden in den folgenden Kapiteln mehrfach auf sie zurückkommen. An dieser Stelle nur noch ein Hinweis: Für den Blick in die Zukunft sind die Bereiche am gefährlichsten, die nur scheinbar stabile Rahmenbedingungen aufweisen und uns dadurch in trügerischer Sicherheit wiegen!

Ich möchte nun mit Ihnen ein Gedankenexperiment durchführen, für das wir wieder unseren guten Schützen nehmen. Aber diesmal verbinden wir ihm die Augen, drehen ihn im Kreis und versetzen die Zielscheibe. Bevor er schießt, sollten Sie diesmal besser in Deckung gehen. Es ist offensichtlich, dass unser schönes mathematisches Modell der Normalverteilung hier völlig versagt. Unabhängig vom Können des Schützen und der Qualität des Bogens werden die Pfeile wahllos in alle Richtungen fliegen oder sich dort häufen, wo der Schütze die Zielscheibe vermutet.

Was ist der wesentliche Unterschied zur vorherigen Situation? Der Schütze hat kein klares Ziel. Wir befinden uns im Regime des bereits erwähnten objektiven Zufalls. Es gibt keine kausale Erklärung dafür, warum ein Pfeil die Zielscheibe treffen sollte. Manchmal trifft er, manchmal nicht. Übertragen auf die Entwicklung der Zukunft heißt das: Ohne ein klares Ziel vor Augen passiert einfach irgendwas!

Werfen wir einen Blick weit zurück in die Vergangenheit: in die Evolution der Arten. Im Jahr 1859 veröffentlicht Charles Darwin seine Evolutionstheorie – auch wenn dieser Begriff damals noch nicht verwendet wird. Darwin zeigt schlüssig auf, dass sich das Leben ständig weiterentwickelt, indem Nachkommen mit zufälligen Veränderungen entstehen. Diese Veränderungen können anfangs noch klein sein, sich aber im Laufe der Zeit zu größeren Merkmalen entwickeln, bis hin zur Entstehung völlig neuer Arten.

In einem begrenzten Lebensraum konkurrieren die unterschiedlich veränderten Nachkommen um die vorhandenen Ressourcen. Langfristig überlebt die

Entwicklungslinie, die am besten an ihre Lebensbedingungen angepasst ist. Weniger angepasste Linien sterben aus - das Prinzip der natürlichen Auslese. Natürlich ist die Situation etwas komplexer, da auch die Lebensräume komplex sind. Eine weniger angepasste Entwicklungslinie kann eine Nische finden, in der ihre individuellen Eigenschaften von Vorteil sind. Während die ursprüngliche Art im Wald dominiert, siedelt sich die andere im Grasland an. Von dort aus werden sich die für das Grasland vorteilhaften Eigenschaften mehr und mehr durchsetzen.

In der Evolution haben wir es also zunächst mit dem objektiven Zufall zu tun, der spontanen Mutation, die zu veränderten Merkmalen eines Organismus führt. Ein konkretes Ziel ist nicht vorhanden. Dieses Ziel wird aber vom Lebensraum gesetzt. Die Eigenschaften des Lebensraums können wir als Rahmenbedingungen für den Zufall ansehen. Je besser ein neues Merkmal in den jeweiligen Lebensraum passt, desto höher ist die Überlebenswahrscheinlichkeit. Schon die Natur mischt also unterschiedliche Arten von Zufällen.

Doch was passiert, wenn wir in den natürlichen Mechanismus eingreifen? Als Gregor Mendel 1856 mit seinen Kreuzungsexperimenten an der Erbsenpflanze begann und damit die grundlegenden Mechanismen der Vererbung entdeckte, stand sicherlich der Gedanke der biologischen Forschung im Vordergrund. Er zeigte aber auch, dass wir die Zukunft verändern können, wenn wir der Entwicklung ein klares Ziel geben, zum Beispiel die Ertragssteigerung bei Nutzpflanzen oder die Anpassung an widrige Umweltbedingungen.

Haben wir ein klares Ziel vor Augen, konzentrieren sich viele Aktivitäten auf die Erreichung dieses Ziels. Je mehr Beteiligte das Ziel teilen, desto mehr Menschen, Unternehmen und Institutionen leisten Beiträge, die sich gegenseitig befruchten und die Entwicklung beschleunigen. Abweichende Ziele, die nur von einzelnen Akteuren verfolgt werden, haben es dagegen schwerer. Die Zukunft bewegt sich auf das große Ziel zu.

Viele Unternehmen nutzen genau diesen Mechanismus. Mit zunehmender Größe und Komplexität eines Unternehmens wird die Steuerung der einzelnen Aktivitäten immer schwieriger. Die Unternehmensleitung ist nicht mehr in der Lage, die Aktivitäten aller Bereiche zu lenken, geschweige denn zu kontrollieren. Eine streng hierarchische Steuerung, bei der Entscheidungen der Unternehmensleitung sukzessive an die unteren Ebenen kommuniziert und dort umgesetzt werden, erfordert nicht nur einen massiven Verwaltungsaufwand, sondern macht Unternehmen auch träge und langsam.

Deshalb setzen sich Unternehmen langfristige Ziele, die sie in Form einer Vision formulieren. Wo möchte das Unternehmen in fünf Jahren stehen? Was will es erreicht haben? Was soll sich verändert haben? Das Unternehmen beschreibt also seine gewünschte Zukunft.

Eine motivierende und von den Mitarbeitenden gelebte Vision führt dazu, dass Entscheidungen auf allen Ebenen des Unternehmens an diesem Ziel ausgerichtet werden. Welcher Weg führt in Richtung der angestrebten Vision? Welcher führt in die falsche Richtung oder trägt weniger zur Zielerreichung bei? Starke Visionen richten also die einzelnen Bereiche unabhängig voneinander auf das gemeinsame Ziel aus, ohne dass jede Entscheidung mit der jeweils übergeordneten Struktur abgestimmt werden muss. Der Koordinationsaufwand sinkt. Das Unternehmen wird schneller und schlagkräftiger.

Starke Visionen und Zielbilder ermöglichen den derzeit stattfindenden Wandel zu agilen Unternehmen, in denen den einzelnen Teams große Entscheidungsspielräume eingeräumt werden. Je unabhängiger die Teams und Bereiche voneinander agieren, desto wichtiger wird das gemeinsame Ziel für die übergreifende Ausrichtung.

Durch die Festlegung einer Vision verändern Unternehmensführungen also die Zukunft. Die gewünschte Zukunft wird wahrscheinlicher, andere mögliche Zukünfte verlieren an Wahrscheinlichkeit. Ob die Vision tatsächlich erreicht werden kann, hängt natürlich von vielen verschiedenen Faktoren ab, die das Unternehmen zu einem großen Teil nicht beeinflussen kann. Aber das Pendel schwingt ein Stück weiter in die gewünschte Richtung.

Lassen Sie mich ein weiteres Beispiel nennen. Immer häufiger lesen und hören wir vom autonomen Fahren. Werden wir in Zukunft gar nicht mehr selbst am Steuer sitzen, sondern uns von der Technik chauffieren lassen? Erste Fahrzeughersteller bieten teilautonomes Fahren an, andere versprechen das vollautonome Fahren in den nächsten Jahren. Unabhängig von den vielen Versprechungen und Ankündigungen stellt das autonome Fahren eine äußerst komplexe Herausforderung dar.

Diese Erkenntnis ist nicht neu. Bereits Anfang der 2000er Jahre war man davon überzeugt, dass diese Herausforderung ein einzelnes Unternehmen überfordern würde. Um autonomes Fahren Realität werden zu lassen, müssen viele Akteure mit unterschiedlichen Kompetenzen an einem Strang ziehen. Doch wie kann das gelingen?

Diese Frage stellte sich damals die US-amerikanische *Defense Advanced Research Projects Agency*, kurz *DARPA*. DARPA ist eine finanziell gut ausgestattete Behörde des US-Verteidigungsministeriums, die gezielt die Entwicklung neuer verteidigungsrelevanter Technologien vorantreiben soll. Zu dieser Zeit geht es um den militärischen Einsatz autonomer Fahrzeuge. Viele grundlegende Technologien müssen jedoch erst noch entwickelt werden.

DARPA schreibt einen Wettbewerb aus, die *DARPA Grand*

*Challenge 2004*. Eine Million US-Dollar soll das Team erhalten, dessen Fahrzeug eine Strecke von 142 Meilen, ca. 230 km, durch Wüstengebiet in möglichst kurzer Zeit, maximal jedoch in 10 Stunden, autonom zurücklegt.

Bereits die Informationsveranstaltung zum Wettbewerb wird von mehr als 400 Personen besucht. 106 Teams bewerben sich anschließend um die Teilnahme. Nach einer Reihe von Vorauswahlen nehmen schließlich 15 Teams am eigentlichen Wettbewerb im März 2004 teil. Das Ergebnis des Rennens ist ernüchternd. Selbst das beste Fahrzeug schafft nur 7,4 Meilen autonomes Fahren. Ein anderes Fahrzeug prallt noch im Startbereich gegen eine Mauer. Folgerichtig werden keine Preise vergeben.

Nun könnte man von einem Scheitern sprechen. Aber schauen wir uns die eigentlichen Ziele der DARPA Grand Challenge an:

1. Erhöhung der Anzahl der Akteure, die an Technologien für autonome Bodenfahrzeuge arbeiten.
2. Dem Verteidigungsministerium Zugang zu neuen Talenten, neuen Ideen und innovativen Technologien verschaffen, indem Innovatoren, die normalerweise nicht an einem Problem des Verteidigungsministeriums arbeiten würden, motiviert und einbezogen werden.
3. Beschleunigung der Entwicklung von Technologien für autonome Bodenfahrzeuge in den USA in den Bereichen Sensorik, Navigation, Regelalgorithmen, Fahrzeugsysteme und Systemintegration.

Rückblickend kann der Wettbewerb als klarer Erfolg gewertet werden, da alle drei Ziele erreicht werden. Und bereits beim nächsten Wettbewerb, nur 19 Monate später im Oktober 2005, bewältigt das Siegerfahrzeug autonom eine deutlich anspruchsvollere Strecke in weniger als sieben Stunden. Und auch alle anderen Fahrzeuge der Finalrunde erreichen das Ziel. Darüber hinaus werden einige der technischen Entwicklungen, die zu diesem Erfolg geführt haben, bereits kurze Zeit später kommerziell genutzt. Ohne Zweifel hat die DARPA Grand Challenge die Zukunft beeinflusst!

Das Setzen von Zielen hilft natürlich nicht nur Unternehmen und Institutionen. Die persönliche Vision einer attraktiven Sommerfigur hilft uns, regelmäßig Sport zu treiben oder eine Diät einzuhalten. Die damit verbundenen Vorstellungen und Hoffnungen halten die Motivation hoch und erhöhen die Erfolgswahrscheinlichkeit.

Wir haben bereits einige wichtige Erkenntnisse gewonnen. Es gibt verschiedene Arten von Zufällen. Einige können wir erklären, mathematisch beschreiben und das Wissen über ihre Eintrittswahrscheinlichkeiten nutzen, um in die Zukunft zu schauen. Dabei ist es wichtig, die Rahmenbedingungen zu verstehen. Je stabiler sie sind, desto besser lässt sich die Zukunft abschätzen. Darüber hinaus müssen wir uns die Frage stellen, ob der betrachtete Prozess zielgerichtet ist oder nicht. Ohne klares Ziel erweitert sich das Spektrum möglicher Entwicklungen erheblich. Die Zukunft wird ungewisser.

# MUSTER DER VERÄNDERUNG

Im vorangegangenen Kapitel haben wir uns auf sehr abstrakte Weise mit grundlegenden Mechanismen vertraut gemacht. Nun wollen wir uns auf eine höhere Ebene begeben und uns ansehen, wie sich Veränderungen ausbreiten. Jede Neuerung beginnt schließlich irgendwo, jede Erfindung wird irgendwann zum ersten Mal genutzt und nach möglicherweise vielen Jahren ist die Neuerung, die Erfindung ein selbstverständlicher Teil unseres Alltags. Oder auch nicht.

Wie dies geschieht und warum manche Neuerungen erfolgreich sind und andere wiederum nicht, darüber haben sich viele kluge Menschen Gedanken gemacht, indem sie Muster in vergangenen Veränderungen erkannt, analysiert und schließlich Erklärungen dafür gefunden haben.

Einer von ihnen ist Everett Rogers. Sein Ausgangspunkt war die Beobachtung der Ausbreitung von Innovationen in der amerikanischen Landwirtschaft, aus der er seine Diffusionstheorie ableitete. In den folgenden Jahrzehnten konnte das Modell in unterschiedlichen Kontexten bestätigt und weiterentwickelt werden. Auch wenn der Originaltitel seines Buchs *Diffusion of Innovations* an klassische Erfindungen denken lässt, geht die Theorie weit über Produktinnovationen hinaus. Sie umfasst beispielsweise auch Prozess- und Verfahrensinnovationen, also die Veränderung von Abläufen und Vorgehensweisen, aber auch die Veränderung von Verhaltensweisen und persönlichen Einstellungen. Der Begriff der Neuerung scheint daher geeigneter.

Der Grundgedanke hinter dem Diffusionsmodell von Rogers ist der Mechanismus, wie Menschen von einer Neuerung – sobald sie einmal vorhanden ist – erfahren und wie sie selbst motiviert werden, diese für sich zu übernehmen. Im Mittelpunkt des Modells steht also der Kommunikationsprozess zwischen Menschen. Aber gehen wir die Ausbreitung einer Neuerung einmal Schritt für Schritt durch.

Sie kennen sicherlich Menschen, die sich mit großer Leidenschaft ihrem Beruf oder Hobby widmen und stundenlang von (für sie selbst) spannenden Neuigkeiten, Produkten und Veranstaltungen erzählen können. Manche dieser Enthusiasten stehen schon viele Stunden vor dem Verkaufsstart eines neuen Produkts vor dem Geschäft, nur um es als einer der Ersten in den Händen halten zu können. Und wenn es dann zu Hause ist, wird sogar das Auspacken und die Inbetriebnahme gefilmt und über das Internet mit Gleichgesinnten geteilt.

Diese Gruppe von Personen, die natürlich nicht alle so extrem sein müssen, werden im Diffusionsmodell als *Innovatoren* bezeichnet. Sie sind neugierig, offen für Veränderungen und so begeistert, dass sie vielen anderen von der Neuerung und ihren Erfahrungen damit erzählen. Im alltäglichen Sprachgebrauch verstehen wir unter einem Innovator meist den Erfinder eines neuen Produkts oder generell denjenigen, der etwas als Erster gemacht hat. Rogers bezieht sich jedoch allgemeiner auf die innere Einstellung von Menschen, ihr *Mindset*.

Für Innovatoren ist es nicht so wichtig, dass die Innovation bereits voll ausgereift ist. Sie besitzen eine hohe Risikotoleranz. Nicht alles erweist sich später als so großartig wie erwartet, was sie aber nicht bremst, mit Begeisterung über ihre neuen Erfahrungen zu berichten. So trägt die Gruppe der Innovatoren das Wissen über die Neuerung in die Breite.

Die nächste Gruppe, die mit der Neuerung in Berührung kommt, sind die sogenannten *frühen Anwender*. Sie sind offen für Veränderungen, informieren sich aktiv und interessieren sich für neue Möglichkeiten. Häufig sind sie mit Innovatoren vernetzt, verfolgen entsprechende Informationskanäle oder besuchen Messen und Veranstaltungen. Für sie ist es wichtig, einen konkreten Nutzen in der Neuerung zu erkennen. Nicht das Neue an sich interessiert sie, sondern die konkrete Anwendung. Deshalb springen sie auch nicht auf jeden Zug auf, sondern selektieren die für sie interessanten Veränderungen. Denken Sie hier zum Beispiel an Unternehmen, die aktiv neue Entwicklungen in ihrem Tätigkeitsbereich beobachten, um diese frühzeitig für das eigene Geschäft zu nutzen. Diese Unternehmen nennt man *Fast Follower*.

So verbreiten sich Informationen über die Neuerung immer weiter, es gibt erste Anwendungsfälle und Erfahrungsberichte. Der zunächst noch theoretisch vermutete Nutzen wird wahrnehmbar, im besten Fall sogar messbar. Die Hemmschwelle für weitere Nutzergruppen sinkt. Die im Diffusionsmodell als *frühe Mehrheit* bezeichnete nächste Gruppe beginnt, die Neuerung zu akzeptieren und selbst anzuwenden. Im Vergleich zu den Innovatoren stellt die frühe Mehrheit einen großen Anteil der möglichen Nutzer dar, was zu einer hohen Sichtbarkeit führt. Die Erfahrungen der frühen Anwender schaffen Vertrauen und reduzieren das Risiko von Fehlentscheidungen.

Die ehemalige Neuerung ist nun gar nicht mehr so neu, sondern etabliert sich allmählich. Ein Ignorieren ist nicht mehr möglich. Das zwingt andere, die Gruppe der *späten Mehrheit*, sich mit dem Thema zu beschäftigen und ihre Skepsis zu überwinden. Zudem wird das Festhalten am Alten zunehmend zum Nachteil. Es gibt kaum noch Gründe, den Schritt nicht zu wagen. Das Neue hat sich etabliert.

Natürlich gibt es immer Menschen, die sich Neuerungen verschließen. Diese Gruppe wird im Diffusionsmodell als *Nachzügler* bezeichnet. Sie sind mit ihrer gegenwärtigen Situation zufrieden und haben aus sich selbst heraus keine Motivation, etwas zu verändern. Das sei ihnen gegönnt und muss ja auch nicht falsch sein. Allerdings erweist sich das Festhalten am alten Zustand zunehmend als schwierig oder gar teuer, denn das Alte wird zur Nische und leidet unter sinkendem Angebot und steigenden Preisen. Möglicherweise erschweren neue Vorschriften, Normen und Gesetze das Festhalten am Vergangenen. Viele Nachzügler wechseln dann doch wohl oder übel zum neuen Status quo.

Das Diffusionsmodell teilt die Menschen in fünf Gruppen ein: Innovatoren, frühe Anwender, frühe Mehrheit, späte Mehrheit und Nachzügler. Ein und dieselbe Person kann jedoch je nach Art der Neuerung verschiedenen Gruppen angehören. So kann ein Technikbegeisterter bei der Einführung eines neuen elektronischen Geräts zu den frühen Nutzern oder sogar zu den Innovatoren gehören, bei der nächsten Trendsportart aber zu den Nachzüglern.

Und nicht jede Neuerung ist so erfolgreich, dass sie alle Stufen des Diffusionsmodells durchläuft. Eine Veränderung mit geringem Nutzen wird die sehr rational agierende späte Mehrheit möglicherweise nicht überzeugen können. Außerdem können mehrere Neuerungen miteinander konkurrieren, von denen sich dann vielleicht nur eine durchsetzt.

Das Diffusionsmodell von Rogers ist ein grundlegendes, aber auch sehr einfaches Modell. Es bewährt sich zwar beim Blick in die Vergangenheit, gibt aber zunächst wenige Hinweise auf die Zukunft. Zum einen macht es keine Vorhersagen über die Geschwindigkeit des Wandels, zum anderen kann die Verbreitung einer Neuerung durch andere Faktoren vorzeitig zum Erliegen kommen. Was lernen wir also daraus?

Zunächst einmal können Muster aus der Vergangenheit in die Zukunft übertragen werden, solange sich die wesentlichen Rahmenbedingungen nicht ändern. Die bevorstehende Einführung des nächsten Smartphones wird voraussichtlich ähnlich verlaufen wie die im letzten Jahr. Wenn sich die Welt nicht allzu sehr verändert hat und das Produkt im Vergleich zum Wettbewerb ähnlich attraktiv ist, sind keine großen Überraschungen zu erwarten.

Für Zukunftsforscher ist aber ein anderer Effekt wichtiger. Wenn wir uns ein Bild davon machen wollen, welche Neuerungen die Welt in den nächsten Jahren verändern werden, wissen wir jetzt, wo wir suchen müssen. Wir müssen die Innovatoren und frühen Anwender aufspüren und genau beobachten, wie sie sich verhalten. Sie bilden die ersten Stufen der Ausbreitung einer Neuerung. Hier zeigt sich schon sehr früh, was einige Zeit später der neue Standard sein könnte.

Natürlich ist die Identifikation dieser Personen nicht einfach, da sie zum einen über die ganze Welt verstreut sind. Zum anderen handelt es sich je nach Art der Neuerung um unterschiedliche Personengruppen. Für technische Innovationen müssen wir andere Menschen beobachten als für soziale, für Modetrends wiederum andere als für politische Entwicklungen. Die gute Nachricht ist, dass es Trendforscher und Zukunftsberatungen gibt, die diese Aufgabe für uns übernehmen.

Das Diffusionsmodell beschreibt die kontinuierliche Ausbreitung einer Neuerung in der Gesellschaft. In solchen Fällen spricht man von Trends. Trends sind Entwicklungen, die sich über einen gewissen Zeitraum in eine bestimmte Richtung fortsetzen. Das können Modetrends sein, wie etwa die Trendfarbe des Sommers oder das langsame

Verschwinden der Krawatte aus der Bürokleidung. Es können Technologietrends sein, wie die zunehmende Verfügbarkeit von Daten und darauf basierenden analytischen Entscheidungen, oder auch globale Megatrends, wie die Urbanisierung, also die Bevölkerungszunahme der Städte auf Kosten ländlicher Regionen. Eine vertiefte Einführung in Trends finden Sie in einem späteren Kapitel.

Die Wirklichkeit ist wesentlich komplexer, als es ein so einfaches Modell beschreiben kann. Aus der Analyse früherer Veränderungen lassen sich jedoch weitere Muster ableiten, die uns helfen, aktuelle Entwicklungen zu verstehen und einen Eindruck von der Zukunft zu bekommen. Auf einige davon möchte ich eingehen.

Was passiert, wenn die Entscheidungsfindung nicht so rational verläuft, wie es das Diffusionsmodell beschreibt? Wenn es nicht nur um Nutzen und Überzeugung geht, sondern Emotionen und (überzogene) Erwartungen eine Rolle spielen. Solche Effekte finden wir regelmäßig bei neuen Technologien. Das hängt damit zusammen, dass oft nur wenige Experten neue Technologien wirklich verstehen und selbst diese die Möglichkeiten und Risiken schwer bewerten können. Das Potenzial vieler Technologien ist anfangs gar nicht abschätzbar. Niemand kann zunächst sagen, wie schnell sie sich weiterentwickeln werden und in welchen Anwendungen sie letztlich einen Nutzen bringen. Hinzu kommt, dass bei jeder Veränderung eine Vielzahl von Akteuren mit unterschiedlichen Zielen und Interessen auftritt.

Denken Sie zum Beispiel an das autonome Fahren, die künstliche Intelligenz oder an Quantencomputer. Diese Technologien befinden sich alle in unterschiedlichen Entwicklungsstadien. Sie versprechen im Erfolgsfall großen Nutzen und werden von unterschiedlichen Beteiligten vorangetrieben, von der Wissenschaft aus akademischem Interesse, durch die Politik mit ihren Förderungen und Regulierungen, sowie von profitorientierten Unternehmen, von Start-ups bis hin zu etablierten Großkonzernen.

Neue Entwicklungen ziehen aber auch weitere Akteure an. Risikokapitalgesellschaften wittern die Chance auf große Gewinne, Medien freuen sich über eine gute Story. Erregt ein Thema breite Aufmerksamkeit, ziehen andere Medien nach. Je spannender das Thema ist, je positiver sich Unternehmen damit darstellen können, desto stärker öffnen sich die Geldbeutel von Fördermittelgebern und Investoren. Weitere Unternehmen beschäftigen sich mit dem Thema, weitere Investoren springen auf den Zug auf. Um von der entstehenden Dynamik zu profitieren, werden Erfolge herausgestellt und Schwierigkeiten heruntergespielt. Gleichzeitig steigen die Erwartungen an die Technologie. Das System schaukelt sich hoch, ein *Hype* entsteht.

Was passiert aber, wenn die mit viel Geld finanzierten Firmen die versprochenen Ergebnisse nicht liefern können, weil der Technologie noch die erforderliche Reife fehlt? Dann fällt das Kartenhaus irgendwann in sich zusammen. Der Hype ist vorbei. Die Blase platzt.

Hypes gibt es nicht nur im Technologiebereich und sie sind auch keine Besonderheit unserer Zeit. Die erste gut dokumentierte Spekulationsblase platzte bereits im Jahr 1637 und wird heute als *Tulpenmanie* bezeichnet.

Die Tulpe ist in den Niederlanden um 1630 ein Liebhaberobjekt der Reichen. Züchtungen bringen immer neue Blüten in den unterschiedlichsten Farben hervor, mit denen sich Sammler gerne in Szene setzen und ihren Wohlstand zur Schau stellen. Parallel dazu entwickelt sich ein reger Handel mit Tulpenzwiebeln. Als Liebhaberobjekt hat die Tulpe keinen messbaren Wert. Der Preis ergibt sich aus dem Wechselspiel von Angebot und Nachfrage.

Kaufleute merken schnell, dass sich mit Tulpenhandel Geld verdienen lässt. Sie übernehmen bald eine wichtige Rolle, indem sie Käufer und Verkäufer zusammenbringen, Preise aushandeln und die Verkäufe dokumentieren. Für sie ist es ein lukratives Geschäft, ohne dass sie ein eigenes Interesse an der Ware haben. Da sich mit dem Handel von Tulpenzwiebeln jedoch viel Geld verdienen lässt, werden immer mehr Händler aktiv. Die Ware entkoppelt sich langsam von ihrer Verwendung. Immer häufiger werden Tulpenzwiebeln mehrfach erworben und weiterverkauft, bevor sie schließlich gepflanzt werden.

Werden anfangs nur für besonders begehrte Sorten hohe Preise gezahlt, so steigen die Preise jetzt auch in der Breite. Mit dem Tulpenhandel verbindet sich die Hoffnung auf zukünftige Preissteigerungen. Die Tulpenzwiebeln werden gekauft, einige Zeit gelagert und später mit Gewinn wieder verkauft. Die Finanzierung solcher Transaktionen ist ein typisches Bankgeschäft, die Finanzwirtschaft wird hellhörig. Die erzielbaren hohen Spekulationsgewinne bleiben nicht unbemerkt, immer mehr Menschen beteiligen sich am regen Handel.

Im November 1636 beginnt der Hype. Getrieben von einer hohen Nachfrage steigen die Preise immer schneller, vervielfachen sich innerhalb weniger Monate. In immer kürzeren Zyklen lassen sich durch Kauf und Verkauf enorme Gewinne erzielen. Das Geschäft dreht sich nicht mehr wirklich um die Tulpenzwiebel, sondern nur noch um den Spekulationsgewinn. Auf dem Höhepunkt des Hypes wird für einzelne Blumen ein Vielfaches des Jahreseinkommens eines einfachen Handwerkers bezahlt. Es gibt kein Halten mehr.

Anfang Februar 1637 platzt dann die Spekulationsblase. Die Preise sind derart hochgestiegen, dass erste Angebote keine Käufer mehr finden. Mit viel Geld getätigte Spekulationen zahlen sich plötzlich nicht mehr aus. Die entstehende

Verunsicherung führt zu einer Zurückhaltung im Markt, Kaufabschlüsse werden schwieriger, Käufer bleiben zunehmend aus, gekaufte Tulpenzwiebeln verlieren an Wert. Können schon längst keine großen Gewinne mehr erzielt werden, droht nun der Wertverlust der Ware. Um einem weiteren Preisverfall zuvorzukommen, stoßen Händler ihre Ware nun wieder ab, zunehmend auch mit Verlust. Mit jedem Tag werden die Verluste größer, Panik bricht aus, das System bricht zusammen. Innerhalb weniger Wochen fällt der Preis für Tulpenzwiebeln um mehr als 95 Prozent.

Das Jahr 1637 ist lange her. Aber wenn Sie jetzt denken, dass unsere Wirtschaftssysteme heute viel reifer und stabiler sind, dann möchte ich Sie an die weltweite Finanzkrise von 2008 erinnern. Auslöser war ein spekulativ aufgeblähter Immobilienmarkt der USA. Aufgrund der stetig steigenden Immobilienpreise nahmen immer mehr Menschen Kredite zum Erwerb von Wohneigentum auf. Schließlich waren sie sich sicher, das gekaufte Objekt in kurzer Zeit mit Gewinn wieder verkaufen zu können. Ebenso sicher fühlten sich die Banken, die großzügig Kredite vergaben, die den aktuellen Wert der als Sicherheit dienenden Immobilie überstiegen. Schließlich, so dachten auch sie, würde die Immobilie ja weiter an Wert gewinnen. Das Platzen der Blase führte zum Zusammenbruch großer Banken und einer mehrjährigen globalen Rezession.

Hypes sind einmalige oder zumindest unregelmäßig auftretende Ereignisse. Es gibt aber auch Übertreibungen, die sich regelmäßig wiederholen. Aus der Wirtschaft kennen wir die Konjunkturzyklen, den Wechsel von Phasen hohen Wirtschaftswachstums mit Phasen geringeren oder gar negativen Wachstums.

Das Prinzip lässt sich gut am sogenannten Schweinezyklus erklären, der ursprünglich tatsächlich aus der Preisentwicklung für Schweinefleisch abgeleitet wurde. Übersteigt die Nachfrage nach Schweinefleisch das Angebot am Markt, können die Anbieter ihre Preise erhöhen, ohne einen Absatzeinbruch befürchten zu müssen. Dadurch steigen die Gewinne und der Markt wird für Erzeuger attraktiver. Sie beginnen zu investieren und mehr Schweine aufzuziehen. Allerdings dauert es eine Weile, bis die jungen Schweine marktfähiges Fleisch liefern. Solange die Knappheit anhält, erscheint der Markt attraktiv und immer mehr Landwirte weiten ihre Zucht aus. Wenn nach einiger Zeit ein größeres Angebot auf den Markt kommt, gleichen sich Angebot und Nachfrage an. Der Preisanstieg kommt zum Stillstand.

Da aber viele Landwirte investiert haben, steigt das Angebot an Schweinefleisch weiter an und übertrifft nach einiger Zeit die Nachfrage. Um dennoch Abnehmer zu finden, kann es irgendwann nur noch mit Abschlägen verkauft werden, die Preise sinken. Für die Erzeuger wird der Markt damit aber unattraktiv, sie verdienen immer weniger Geld mit ihrer Ware. Investitionen werden zurückgefahren, so dass nach einiger Zeit auch das Marktangebot wieder sinkt, die Preise pendeln sich wieder ein. Sinkt das Angebot aufgrund fehlender Investitionen noch weiter, übersteigt die Nachfrage irgendwann wieder das Angebot und der Zyklus beginnt von neuem.

Entscheidender Treiber der Zyklen ist der zeitliche Versatz zwischen einer Investition in Produktionskapazitäten und der späteren Verfügbarkeit der Produkte am Markt. Angebot und Nachfrage können daher nicht exakt ausgeglichen werden, so dass es zu ständigen Schwankungen kommt. Je kürzer also die Vorlaufzeiten sind, desto geringer ist die Gefahr der Zyklenbildung.

Ein weiteres Beispiel für zyklische Märkte ist die Halbleiterindustrie, in der zwischen der Entscheidung für eine neue Produktionsstätte und deren Inbetriebnahme mehrere Jahre vergehen, was zu einer zyklischen Knappheit und einem späteren Überangebot mit entsprechenden Preisschwankungen führt.

Der bereits erwähnte Konjunkturzyklus spiegelt diesen Mechanismus auf gesamtwirtschaftlicher Ebene wider und setzt sich somit aus den Zyklen vieler unterschiedlicher Waren und Dienstleistungen zusammen, die durch übergreifende Treiber wie Lohnentwicklung, Arbeitslosenquote und Inflationsrate im Gleichtakt verlaufen. Diese fundamentalen Parameter beeinflussen die Produktionskosten und das Investitionsvolumen auf der Angebotsseite sowie die Kaufkraft auf der Nachfrageseite und wirken sich auf alle Branchen gleichermaßen aus. Dabei kommt es durchaus vor, dass sich einzelne Branchen aufgrund spezieller Konstellationen von der allgemeinen Entwicklung abkoppeln, diese aber durch ihr geringes Volumen den übergreifenden Zyklus nicht wesentlich beeinflussen.

Und ja, auch banale Gründe können zu Zyklen führen. So führt allein der Jahresrhythmus zu einem zyklischen Verlauf der Wintersportindustrie, der Grippesaison und vielem mehr.

Viele Veränderungen schreiten aber auch kontinuierlich voran. Gerade übergreifende Entwicklungen zeigen oft einen gleichförmigen Verlauf. Die Ausschläge der vielen Faktoren hinter den Veränderungen überlagern sich und glätten den Verlauf, solange es keinen übergreifenden Koordinationsmechanismus gibt. Denken Sie an die zunehmende Digitalisierung oder die weltweit steigende durchschnittliche Lebenserwartung. Auf gleichförmige Veränderungen werden wir im Abschnitt zu Trends noch einmal genauer eingehen.

Was nützt uns dieses Wissen in Bezug auf die Zukunft? Die einzigen Informationen, die uns zur Verfügung stehen, sind die Vergangenheit und die Gegenwart. Für den Blick in die Zukunft können wir also nur auf dieses Wissen zurückgreifen. Wenn wir aber den Verlauf einer aktuellen Entwicklung betrachten, so ist der weitere Fortgang nicht immer ersichtlich. Eine einfache Fortschreibung der Vergangenheit kann zu falschen Schlüssen führen. Erst wenn wir die dahinter liegenden Mechanismen identifizieren, können wir verstehen, ob es sich um einen kontinuierlichen Trend, einen Zyklus, eine Übertreibung oder eine ganz andere Entwicklung handelt. Ob wir dann bei der nächsten Versteigerung von Tulpenzwiebeln mitbieten wollen oder nicht, bleibt uns überlassen. Immerhin kennen wir nun das Risiko unserer Entscheidung.

# KOMPLEXITÄT

M ittlerweile ist uns klar geworden, dass der Blick in die Zukunft immer mit Ungewissheiten behaftet ist. Es gibt keine absolute Gewissheit. Unsere Vorstellungen werden manchmal relativ gut eintreffen, oft aber auch weit daneben liegen. Woran können wir erkennen, wie wahrscheinlich unser Bild von der Zukunft ist? Anders formuliert: Können wir das Risiko einer unerwarteten Entwicklung abschätzen?

Bevor ich auf diese Frage eingehe, möchte ich den Unterschied zwischen *komplizierten* und *komplexen* Systemen erläutern. Im alltäglichen Sprachgebrauch werden die beiden Begriffe gerne vermischt, da ihre Bedeutung ähnlich erscheint. Für das Verständnis der Zukunft gibt es jedoch einen wichtigen Unterschied.

Wenn wir an unsere Schulzeit zurückdenken, erinnern wir uns sicher an die komplizierten Mathematikaufgaben. Oft haben wir lange an einer Aufgabe geknobelt und manchmal auch aufgegeben. Beim Vorrechnen der Lösung in der nächsten Schulstunde waren wir überrascht, wie einfach der Rechenweg doch war – wenn er uns nur eingefallen wäre.

Die Mathematikaufgabe war für uns insofern kompliziert, als sie für uns schwer zu lösen war. Aber die notwendigen Rechenregeln und Angaben waren bekannt. Eine Lösung wäre möglich gewesen. Diese Situation ist typisch für komplizierte Systeme. In ihnen sind alle Einflussfaktoren und Wirkungsmechanismen bekannt. Wir können im Prinzip genau verstehen, wie sie sich verhalten. Kompliziert werden sie durch die Vielzahl an Faktoren und Mechanismen, die das Verständnis erschweren. Sind wir mit unserem Verständnis überfordert, so helfen uns Computer und Rechenmodelle. Mit entsprechenden Daten und Algorithmen gefüttert, können sie komplizierte Systeme berechnen.

Erinnern Sie sich an unseren Bogenschützen? Der Bogensport unter Wettkampfbedingungen ist im Kern ein kompliziertes System aus Schütze, Bogen, Zielscheibe und einem definierten Abstand zwischen dem Schützen und seinem Ziel. Die gewünschte Flugbahn des Pfeils ist im Prinzip berechenbar. Das Können des Sportschützen liegt in der Umsetzung der optimalen Flugbahn. Dies erfordert Technik, Konzentration, Kraft und noch so einiges mehr. Die Einflussgrößen sind jedoch alle bekannt. Auch wenn wir einige Faktoren wie Kraft und Konzentration nicht exakt erfassen können, helfen uns statistische Ansätze, das komplizierte System zu verstehen.

Anders verhält es sich mit der *Komplexität*. Hier ist die Berechenbarkeit nicht mehr gegeben. Die Gründe dafür können vielfältig sein. Es kann die Menge der Einflussfaktoren sein, die in einem System wirken. Es können unbekannte Faktoren sein. Einflussfaktoren können miteinander interagieren, sich gegenseitig verstärken, aufschaukeln oder aber abschwächen. Das häufige Auftreten von zufälligen bzw. statistischen Ereignissen erhöht die Komplexität, aber auch die schlechte Bestimmbarkeit eines Ausgangszustands.

Im Beispiel unseres Bogenschützen hatte ich einen aufkommenden Seitenwind erwähnt. Setzen wir den Schützen jetzt noch auf ein Pferd und lassen ihn im Gewitter auf ein fliegendes Blatt schießen, dann wird ihm der Begriff der Komplexität klar. Aber auch in dieser Situation wird ein guter Bogenschütze, der eine solche Situationen trainiert hat, besser abschneiden als ein schlechter. Auch Komplexität ist beherrschbar!

Komplizierte Systeme können also prinzipiell verstanden werden. Je mehr wir über die Systeme wissen, desto besser können wir Aussagen über ihre Entwicklung und damit Aussagen über die Zukunft machen. Die Tatsache, dass wir in der Praxis nicht alles wissen und messen können, verhindert zwar exakte Ergebnisse. Mit statistischen Methoden können wir aber eine Schwankungsbreite der Ergebnisse abschätzen. Wir sehen also einen Trend in eine bestimmte Richtung, auch wenn wir nur ungefähr wissen, wohin er geht.

Auch der gute Bogenschütze trifft nicht immer genau ins Schwarze, die Pfeile werden in einem gewissen Bereich streuen. Und dennoch weiß er, dass er am Ende gegen den schlechten Schützen gewinnt. Über komplizierte Systeme können wir mit mehr Aufwand, mehr Daten und besserer Analyse nicht nur genauere Aussagen machen, sondern auch das Risiko einschätzen, das wir eingehen, wenn wir auf Basis unserer Erkenntnisse Entscheidungen treffen.

Komplexe Systeme hingegen sind prinzipiell nicht berechenbar. Allein der Versuch, alle Faktoren und Wechselwirkungen in Formeln zu packen und mit Daten zu füllen, würde uns verzweifeln lassen. Es bleibt uns nichts anderes übrig, als einen geschickten Umgang mit der Komplexität zu entwickeln. Doch wie könnte dieser aussehen?

Dazu müssen wir uns bewusst machen, dass komplexe Systeme keine Zufallssysteme sind. Es passiert nicht einfach irgendetwas. Auch komplexe Systeme beruhen auf Einflussfaktoren, Mechanismen und Wechselwirkungen, allerdings in einer so großen Vielfalt, dass sie analytisch nicht zu fassen ist. Dennoch zeichnen sich Muster und wiederkehrende Entwicklungen ab.

Wenn Sie einen Fußballspieler fragen, warum er die Flanke auf den linken Flügel geschlagen hat, die letztendlich zum Torschuss führte, so wird er nicht sagen, er hätte die

Positionen und Laufrichtungen aller Spieler auf dem Feld analysiert und ihre Bewegungsprofile vorausberechnet. Er wird möglicherweise antworten, dass er seinen Mitspieler zum Spurt ansetzen sah und dadurch *wusste*, dass dieser sich in einer günstigen Position befinden musste und eine Flanke erwartete.

In komplexen Situationen ist das Erkennen von typischen Mustern weitaus effektiver als der Versuch einer immer genaueren Analyse. Der Fußballspieler profitiert von seiner Intuition, die er in jahrelanger Spielpraxis entwickelt hat. Das gilt nicht nur für den Fußball. In unzähligen Situationen behelfen wir uns mit Faustregeln. Denken Sie an Situationen, in denen Sie spontan Entscheidungen treffen müssen, zum Beispiel in brenzligen Verkehrssituationen. Hier greifen Automatismen, die sich in der Vergangenheit bewährt haben.

Faustregeln sind Erfahrungswerte, die aus der Praxis heraus entstanden sind und manchmal, wie die sogenannten Bauernregeln, von Generation zu Generation weitergegeben werden. Dabei handelt es sich um unbewusstes Wissen, oft von hoher Genauigkeit, aber ohne analytische Erklärung. Es reduziert die Komplexität einer Situation auf wenige entscheidende Kriterien. Der Fußballspieler sieht seinen Mitspieler zum Spurt ansetzen und geht davon aus, dass die anderen Einflussfaktoren in diesem Moment weniger entscheidend sind.

Andererseits muss er mit der Ungewissheit leben, möglicherweise eine falsche Entscheidung zu treffen. Was, wenn die Aktion nicht erfolgreich gewesen wäre? Hat ihn seine Intuition getäuscht oder hat er eine wichtige Einflussgröße unterschätzt? Während in komplizierten Situationen das Risiko bekannt und im Prinzip kalkulierbar ist, lässt sich die Ungewissheit einer komplexen Situation nur schwer quantifizieren. Denn selbst die beste Faustregel trifft nicht immer zu.

Lassen Sie mich den Unterschied zwischen komplizierten und

komplexen Systemen so formulieren: Ein kompliziertes System zeichnet sich durch ein beschreibbares Zusammenspiel seiner Komponenten aus. Es ist also prinzipiell berechenbar. Mit dem Verständnis der Zusammenhänge und einer guten Datenbasis kann die weitere Entwicklung prognostiziert und das Risiko einer Abweichung beziffert werden. Die detaillierte Analyse des Systems liefert die besten Ergebnisse.

Das komplexe System hingegen entzieht sich aufgrund der Vielzahl von Einflussfaktoren, intensiven Wechselwirkungen und unbekannten Elementen einer analytischen Beschreibung. Durch das Erkennen von Mustern im Systemverhalten lassen sich Erkenntnisse gewinnen, die mit schwer quantifizierbaren Unsicherheiten behaftet sind. Auch eine detaillierte Analyse führt zu keinem besseren Verständnis. Die Fokussierung auf wenige herausragende Faktoren und die Anwendung von Erfahrungswissen sind die Schlüssel zum Erfolg.

Wenn wir also die Zukunft erkennen wollen, müssen wir uns zunächst darüber im Klaren sein, ob wir es mit einem komplizierten oder einem komplexen Problem zu tun haben. Leider werden wir in den meisten Fällen ein komplexes Problem vorfinden. Es sind eher die Ausnahmen, wie etwa der olympische Wettbewerb der Bogenschützen mit klaren Rahmenbedingungen, bei denen wir mit einem analytischen Verständnis weiterkommen.

Nun ist es leider so, dass uns seit der Schulzeit eine analytische Arbeitsweise eingetrichtert wird. Wir lernen Rechenregeln und Formeln, Grammatik und die strukturierte Aufbereitung von Wissen. Selbst im Kunstunterricht nimmt das Erlernen von Zeichentechniken mehr Raum ein als das intuitive Verständnis von Schönheit und Ausdruck. Kein Wunder, dass wir uns mit komplizierten Dingen wohler fühlen als mit komplexen. Denn komplizierte Dinge können wir verstehen, wenn wir uns nur genug Mühe geben.

In der Praxis führt dies manchmal dazu, dass wir Komplexität bewusst oder unbewusst ignorieren. Der Versuch, vermeintlich komplizierte Systeme mit immer besseren Methoden berechnen zu können, wiegt uns in einer trügerischen Sicherheit, die früher oder später zusammenbrechen muss. So konnte der Bankensektor, einer der großen Arbeitgeber für Mathematiker, trotz ausgeklügelter Risikomodelle und in den Jahren zuvor verschärfter Finanzregulierung die globale Finanzkrise von 2008 weder vorhersehen noch war er darauf vorbereitet, sie ohne massive Unterstützung der Politik zu bewältigen.

Auch wenn die Finanzkrise ein eklatantes Beispiel für den falschen Umgang mit Komplexität ist, wäre es zu einfach, mit dem Finger nur auf eine Branche zu zeigen. Tatsächlich sind wir alle auf der Suche nach Gewissheit. Wir lieben das Gefühl, in einem stabilen Umfeld zu leben. Wir hätten gerne Politiker, Experten, Ärzte und Unternehmenslenker, die Wahrheiten kennen, auf die wir uns verlassen können. Auch hier muss ich Sie wieder enttäuschen. In komplexen Situationen haben auch ausgewiesene Experten keine einfachen Antworten. Aber vielleicht gibt es ja Erfahrungswissen und Faustregeln und Menschen, die den klugen Umgang mit unsicheren Situationen beherrschen.

Fragen sie einen Frühphaseninvestor, der viel Geld in ein Start-up mit einer innovativen Idee steckt, das aber noch Jahre braucht, bis es die ersten Erträge erwirtschaftet, warum er gerade in dieses Unternehmen investiert. Sie werden oft hören, dass er vom Team überzeugt sei. Der Investor weiß, dass das Start-up in den nächsten Jahren vielfältige Herausforderungen überwinden muss. Welche das genau sein werden, kann zu diesem Zeitpunkt noch niemand sagen. Aber ein fähiges Team hat gute Chancen, diese Herausforderungen zu meistern. In der komplexen Welt der Start-ups gilt die Faustregel: Investiere ins Team!

Wenn wir in die Zukunft blicken, haben wir es mit einem komplexen System zu tun. Es ist unmöglich, es in seiner Gesamtheit zu verstehen. Manchmal gibt es Teilbereiche innerhalb des Systems, die sich von ihrem Umfeld abkoppeln und dadurch analytisch verstanden werden können. Für alles andere müssen wir die Ungewissheit akzeptieren. Das heißt nicht, dass wir der Zukunft hilflos ausgeliefert sind. Akzeptanz bedeutet nur, dass wir anders mit der Situation umgehen müssen, als wenn sie lediglich kompliziert wäre. Dazu bieten sich drei Ansätze an.

Das wirksamste Mittel ist die Reduzierung der Komplexität. Der Straßenverkehr ist dafür ein gutes Beispiel. Hier bewegen sich Autos, Radfahrer, Fußgänger, Busse und viele andere Elemente in einem System. Jeder Teilnehmer hat ganz individuelle Absichten und Verhaltensweisen. Manche haben es eilig, an ihr Ziel zu kommen, andere wollen gemütlich zum nächsten Café schlendern. Manche sind müde, andere gestresst. Würde nun jeder tun, was er gerade will, wäre das Chaos perfekt.

Deshalb haben wir Straßen und Gehwege, Ampeln und Verkehrsregeln. Schon als Kinder lernen wir, uns im Straßenverkehr vorsichtig zu verhalten, und später brauchen wir zum Autofahren einen Führerschein. Autos müssen technische Normen erfüllen und werden regelmäßig auf ihren Zustand überprüft. Wer zu schnell fährt, wird bestraft und verliert manchmal den Führerschein. All diese Maßnahmen reduzieren die Komplexität des Systems auf ein überschaubares Maß und führen zu einem vernünftigen Zusammenspiel des Gesamtsystems.

Eine weitere Möglichkeit des Handelns in komplexen Systemen ist das Erkennen von Mustern. Wenn wir feststellen, dass die Durchgangsstraße immer zur Hauptverkehrszeit verstopft ist, können wir mit dem Auto eine andere Route wählen. Oder wir nehmen einen Bus früher als nötig, weil wir wissen, dass wir dort noch einen Platz bekommen. Diese Muster ergeben sich aus einer Vielzahl individueller Faktoren. Es ist unmöglich, die Entscheidungen aller Verkehrsteilnehmer einzeln zu erfassen. Dennoch sind solche Muster oft sehr stabil. Natürlich bleibt die Unsicherheit, ob die Route über die Durchgangsstraße heute nicht schneller gewesen wäre oder ob wir in dem späteren Bus nicht doch noch einen Sitzplatz bekommen hätten. Aber die erkannten Muster helfen uns bei der Entscheidungsfindung.

Nicht alles folgt stabilen Mustern. Der Ausfall einer Ampel oder die Katze, die plötzlich vor dem Auto über die Straße läuft, sind nicht vorhersehbar. Wir wissen, dass solche Ereignisse passieren können. Wann und wo sie auftreten, lässt sich nicht vorhersagen. Deshalb heißt die dritte Handlungsoption in komplexen Systemen *Flexibilität* oder besser noch *Agilität*.

*Flexibilität* ist die Fähigkeit, auf äußere Ereignisse angemessen zu reagieren. Je mehr Reaktionsmöglichkeiten wir haben und je schneller wir reagieren können, desto flexibler sind wir. *Agilität* geht noch einen Schritt weiter und schließt proaktives Handeln mit ein. Sie beschreibt die Fähigkeit, zukünftige Ereignisse zu antizipieren und sich proaktiv darauf einzustellen. Agilität ist damit ein entscheidendes Mittel im Umgang mit Ungewissheit. Die Zukunft wird uns immer wieder überraschen und unsere Vorhaben und Planungen durchkreuzen. Wenn es uns aber gelingt, handlungsfähig zu bleiben und angemessen reagieren zu können, werden wir diese Situationen wesentlich besser bewältigen können.

Bei Ampelausfall fahren wir vorsichtig über die Ampel. Bei höherem Verkehrsaufkommen hilft die Verständigung mit den anderen Verkehrsteilnehmern. Wir brauchen vielleicht etwas länger als sonst, aber der Verkehr kommt nicht völlig zum Erliegen. Dazu ist nicht das Verständnis der Gesamtsituation erforderlich, sondern nur ein ausreichender Überblick über die Umgebung und die Verkehrsteilnehmer, die sich gerade in der Nähe befinden. Unsere Erfahrung lässt uns mit der Zeit immer besser mit solchen Situationen umgehen. Nicht, weil wir die Situation besser analysieren können, sondern weil wir auf Verhaltensmuster zurückgreifen, die sich in ähnlichen Situationen bewährt haben.

Wenn jeder Einzelne mit seiner unmittelbaren Umgebung

vernünftig interagiert, verläuft auch die Gesamtsituation in geordneten Bahnen. Dies funktioniert, weil einerseits die Verkehrsregeln einen klaren Rahmen vorgeben und damit die Komplexität reduzieren und andererseits jeder Verkehrsteilnehmer innerhalb dieses Rahmens flexibel agieren kann, indem er auf allgemeine Verhaltensregeln und sein Erfahrungswissen zurückgreift.

Die Kombination von übergreifenden Grundregeln und dezentraler Entscheidungsfreiheit bewährt sich in komplexen Situationen. Das haben auch Unternehmen erkannt. Wenn Sie von agilen Unternehmen hören, dann ist genau diese Abkehr von hierarchisch strukturierten Organisationen gemeint.

Bereits im ersten Kapitel haben Sie von der Bedeutung einer Vision für die übergreifende Ausrichtung eines Unternehmens gelesen. Im Rahmen dieser Ausrichtung kann den einzelnen Bereichen nun viel individueller Freiraum gegeben werden. So werden etwa Fachentscheidungen von den jeweiligen Fachteams getroffen, die Veränderungen, die sie betreffen, viel direkter wahrnehmen und darauf reagieren können, ohne jedes Detail vorher abstimmen zu müssen. Die gesamte Organisation wird agiler. Zwar muss jedes Team die Komplexität des eigenen Umfelds nun selbst bewältigen. Dabei kann es aber auf eine oft langjährige Erfahrung zurückgreifen.

Natürlich sind die einzelnen Bereiche nicht völlig voneinander entkoppelt, da jedes Team seinen individuellen Beitrag zum Unternehmenserfolg leistet und die einzelnen Beiträge weiterhin gut zusammenspielen müssen. Außerdem können Änderungen in der Arbeitsweise eines Teams Auswirkungen auf andere Teams haben. Die übergreifende Koordination aller Teams muss daher weiterhin gewährleistet sein.

Ein agiles Unternehmen verfügt dazu über netzwerkartige Strukturen, in denen sich die Teams untereinander abstimmen. Netzwerkstrukturen bieten zudem die Möglichkeit, bei Bedarf ohne großen Abstimmungsaufwand weitere Teams hinzuzufügen oder bestehende Teams zu verändern, ohne die übergreifenden Mechanismen anpassen zu müssen. So kann auch die Gesamtorganisation agil auf veränderte Anforderungen reagieren und sich weiterentwickeln.

So überzeugend das Prinzip klingt, so herausfordernd ist die Umsetzung in die Praxis. Sie verändert nicht nur die Organisationsstruktur eines Unternehmens, sondern betrifft auch die Arbeitsweise jedes einzelnen Mitarbeiters. Neben der reinen Ausbalancierung von zentralen und dezentralen Kompetenzen, Freiheiten und Verantwortlichkeiten muss die neue Arbeitsweise von allen Führungskräften und Mitarbeitenden akzeptiert und auch gelernt werden - ein Prozess mit vielen Schleifen und Nachjustierungen, der in großen Unternehmen mehrere Jahre in Anspruch nehmen kann.

Warum gehen viele Unternehmen diesen schwierigen Weg? Sie haben erkannt, dass die Komplexität ihres Umfelds beständig zunimmt. Globale Verflechtungen, die dramatische Zunahme verfügbaren Wissens, der schnelle technologische Wandel und eine sich immer stärker ausdifferenzierende Gesellschaft sind nur einige Faktoren, die unternehmerische Entscheidungen erschweren. Der gute Umgang mit Komplexität ist ein wesentlicher Erfolgsfaktor im wirtschaftlichen Wettbewerb.

# DYNAMIK UND STABILITÄT

Wir haben inzwischen verstanden, dass die Rahmenbedingungen und die zugrunde liegenden Mechanismen wichtige Parameter für die Entwicklung der Zukunft sind. Betrachten wir nun den Aspekt der Veränderungsgeschwindigkeit, der Dynamik eines Systems. Nehmen wir als Beispiel die Mobilität, also die Art und Weise, wie Menschen sich fortbewegen. Heute können wir aus einer Vielzahl von Verkehrsmitteln das jeweils passende auswählen und miteinander kombinieren. Für die lange Urlaubsreise nehmen wir das Auto, die Bahn oder das Flugzeug. Für den Weg zur Arbeit wählen wir vielleicht den Bus oder die Straßenbahn und die letzte Meile legen wir mit dem spontan geliehenen E-Scooter zurück. Am Wochenende fahren wir mit dem Fahrrad oder gehen auch mal zu Fuß zum Nachbarn.

Die Vielfalt der Möglichkeiten macht Mobilität zu einem komplexen System. Es gibt nicht nur viele Nutzer mit unterschiedlichen Wünschen und Anforderungen, sondern auch viele Mobilitätsanbieter – Automobilhersteller, Nahverkehrsbetriebe, Sharing-Unternehmen, etc. - die natürlich ihrem Angebot einen Vorteil verschaffen wollen. Schon heute ist das Mobilitätsangebot in Städten wie Frankfurt, Paris oder

Madrid kaum noch überschaubar. Lässt sich die zukünftige Entwicklung überhaupt abschätzen?

Zuerst sollten wir unsere Aufgabenstellung konkretisieren. Wie weit wollen wir in die Zukunft schauen? Eine Woche? Ein Jahr? Zehn oder gar 50 Jahre? Hier kommt die Dynamik ins Spiel. Für kurze Zeiträume können wir die bestehende Infrastruktur als stabile Rahmenbedingung betrachten. Eine neue Straße braucht einige Jahre Vorlauf, bis sie beschlossen, geplant und schließlich gebaut ist. Bei neuen Bahnstrecken sprechen wir von Jahrzehnten. Wollen wir also die Mobilität der nächsten Wochen oder des nächsten Jahres verstehen, können wir die Straßen- und Schieneninfrastruktur als unveränderliche Rahmenbedingung betrachten – abgesehen von den Bereichen, die bereits im Bau oder fortgeschrittener Planung sind. Diese sind jedoch bekannt und können damit leicht in unsere Überlegungen einbezogen werden. Punktuelle Beeinträchtigungen durch Beschädigungen und Baustellen sind natürlich möglich, verändern aber das gesamte Mobilitätssystem nur kurzzeitig. Sie gehören zur Normalität. Lediglich Ort und Umfang unterscheiden sich von Fall zu Fall.

Mobilität kann sich aber auch kurzfristig verändern. Nehmen wir das Segment der elektrisch betriebenen Leihrollern, den E-Scootern, wie sie seit einigen Jahren in nahezu allen größeren Städten zu finden sind. Hier ist die Veränderungsgeschwindigkeit höher, da für das Aufstellen der Roller keine neue Verkehrsinfrastruktur gebaut werden muss. Besitzt ein Anbieter eine städtische Genehmigung, kann sich das Nutzerverhalten durch Werbung und Preispolitik oder durch eine räumliche Ausweitung des Angebots vergleichsweise schnell verändern. Auch können weitere Wettbewerber zugelassen werden oder Auflagen der Stadt das Angebot unattraktiver machen. Die konkrete Angebotssituation und das Nutzerverhalten sind daher deutlich schwerer in die Zukunft zu denken.

Wenn Sie also heute vor der Entscheidung stehen, eine Jahresfahrkarte für den öffentlichen Nahverkehr zu kaufen oder lieber die Flexibilität eines Monatstickets zu behalten, dann kann die Betrachtung des zukünftigen Leihrollerangebots vielleicht ein Entscheidungsfaktor sein. Die Straßen- und Schienenwege sind für diese Entscheidung konstante Faktoren. Bestenfalls können Fahrplanänderungen Einfluss auf Ihre Entscheidung nehmen.

Wenn schon die nahe Zukunft mit Unsicherheiten behaftet ist, können wir dann überhaupt Aussagen über die ferne Zukunft treffen? Wie wird die Welt der Mobilität in, sagen wir, 50 Jahren aussehen? Die meisten Rahmenbedingungen von heute werden sich bis dahin ändern können. Die Welt wird möglicherweise ganz anders aussehen. Es werden Technologien zum Einsatz kommen, die wir heute noch gar nicht kennen. Autonomes Fahren auf Straße und Schiene wird vielleicht schon Alltag sein. Möglicherweise bringen uns Flugtaxis morgens zur Arbeit. Auch die Gesellschaft und ihre Mobilitätsbedürfnisse werden sich bis dahin verändert haben. Es werden Dinge geschehen, die wir uns heute noch gar nicht vorstellen können.

Wenn alle Rahmenbedingungen instabil sind, können die unterschiedlichsten Entwicklungen eintreten. Nicht alle werden gleich wahrscheinlich sein. Aber es wird auch keine eindeutig vorhersehbare Entwicklung geben. Dazu zwei Beispiele.

Nehmen wir an, dass aus naheliegenden Gründen die umweltfreundlichsten Mobilitätsformen im Vorteil sind. Beispielsweise gilt heute die Bahn als ökologisch vorteilhaftes Verkehrsmittel. Können wir davon ausgehen, dass dies auch in 50 Jahren der Fall sein wird? Werden bis dahin nicht alle Autos mit umweltverträglich erzeugtem Strom fahren? Wird es nicht andere Verkehrsmittel geben, die vielleicht noch umweltfreundlicher sind?

Oder werden wir in Zukunft möglicherweise nur noch von zu Hause aus arbeiten und uns in virtuellen Räumen treffen, so dass für viele Menschen der tägliche Weg zur Arbeit ganz entfällt? Wird das Reisen so teuer, dass es sich nur noch wenige leisten können? Und wird es nicht eine neue, billige und umweltschonende Energiequelle geben, die all unsere heutigen Sorgen überflüssig macht?

Blicken wir einmal 50 Jahre zurück. Das eigene Automobil war damals ein Statussymbol, das sich nicht jede Familie leisten konnte. Die eingebaute Autoheizung war noch kein Standardzubehör, das Radio wurde separat gekauft und nachträglich eingebaut. Fernreisen mit dem Flugzeug waren Luxus, für die man sich besonders gut kleidete. Elektrisch betriebene Scooter waren noch nicht entwickelt.

Aber es gab öffentliche Verkehrsmittel, ein gutes Schienennetz und natürlich die Möglichkeit, sich zu Fuß oder mit dem Fahrrad fortzubewegen. Auch die Verkehrsregeln waren im Großen und Ganzen schon so wie heute. Die Welt war also gar nicht so anders. Wir könnten also erwarten, dass sich die Mobilitätswelt eher langsam und evolutionär entwickelt. Dies könnte auch für die Zukunft eine vernünftige Grundannahme sein, denn es gibt einige Faktoren, die für eine evolutionäre Entwicklung sprechen.

Straßen, Schienen, Bahnhöfe und Tunnel erfordern hohe Investitionen. Sind diese erst einmal getätigt, fallen nur noch Kosten für Betrieb und Instandhaltung an, die in der Regel günstiger sind als Neuinvestitionen in andere Technologien. Für die bestehenden Systeme gibt es zudem ein Ökosystem aus Herstellern, Mobilitätsanbietern, unzähligen Dienstleistern und Behörden, die alle ein Interesse am Fortbestand ihres Geschäfts und ihrer Aufgaben haben. Schauen Sie sich unsere Städte an: Sie sind von Grund auf für den Autoverkehr ausgelegt.

Das macht einen grundlegenden Wandel schwierig. Und nicht zuletzt haben wir Nutzer uns an den Status quo gewöhnt. Auch wir nehmen nicht jede Neuerung sofort an. Es kann lange dauern, bis wir trotz neuer Angebote unser persönliches Mobilitätsverhalten ändern.

Wir haben gesehen, dass der Mobilitätssektor zu den eher trägen Systemen gehört. Die Digitalwirtschaft ist ein deutlich dynamischeres System. Digitale Ideen lassen sich viel schneller umsetzen. Eine App kann innerhalb weniger Wochen programmiert werden. Es muss weder in teure Infrastruktur investiert werden noch müssen Fabriken gebaut oder Maschinen gekauft werden. Selbst auf Büros kann verzichtet werden. Das Internet ermöglicht die globale Verfügbarkeit digitaler Produkte, weder Versand noch Lagerhaltung sind erforderlich, ein Download genügt.

Die hohe Dynamik der Digitalwirtschaft lässt Firmen innerhalb weniger Monate entstehen und erfolgreich werden. Viele verschwinden aber ebenso schnell wieder. Selbst große Anbieter können Schiffbruch erleiden. Oder erinnern Sie sich noch an die einst dominierenden Internetfirmen wie AOL, Yahoo und Netscape?

Dennoch können wir für die Entwicklung der digitalen Wirtschaft insgesamt recht gute Prognosen abgeben, da auch hier stabile grundlegende Mechanismen wie die Verfügbarkeit von Fachkräften, die Leistungs- und Kostenentwicklung der Technik, staatliche Regulierung und gesellschaftliche Akzeptanz vorhanden sind.

Das war nicht immer so. Der Anfang der Digitalwirtschaft lässt sich auf das Ende der 1980er Jahre datieren, mit Beginn der weltweiten Verbreitung von Internet und E-Mail. Eine gesellschaftliche Akzeptanz muss sich erst entwickeln, eine Regulierung digitaler Geschäftsmodelle existiert noch gar nicht. Die Ausbildung zum Programmierer ist eine exotische

Nische mit geringem Ansehen. Die Technik ist teuer und wenig leistungsfähig. Ausgehend von einer niedrigen Basis entwickeln sich Anwendungen und Rahmenbedingungen dynamisch und kaum vorhersehbar.

Auch die Digitalwirtschaft durchläuft einen Hype. Um ihr starkes Wachstum zu finanzieren, werben viele junge digitale Unternehmen Risikokapital ein. Finanzinvestoren erzielen in dieser Zeit hohe Renditen, indem sie ihre Unternehmen an die Börse bringen und damit gelegentlich ihr investiertes Kapital innerhalb weniger Jahre vervielfachen. Das lockt weitere Anleger an, die ebenfalls vom Erfolg profitieren wollen. Neu ist, dass sich auch viele private Kleinanleger für die Aktien der Digitalunternehmen interessieren. Die hohe Nachfrage steigert die Gewinne der Risikokapitalgesellschaften, was wiederum das Interesse der Aktionäre erhöht - der klassische Mechanismus eines Hypes.

Steigen die Bewertungen von Digitalfirmen sowieso schon schneller als anderer Unternehmen, klafft die Schere ab dem Jahr 1998 immer weiter auseinander. Innerhalb von zwei Jahren vervierfacht sich der Börsenwert, bis die Blase im März 2000 platzt. Es folgen mehrere Jahre mit sinkenden Bewertungen, Firmenpleiten und Anlegern, die große Teile ihres Vermögens verschwinden sehen. Erst im Jahr 2003 fängt sich der Markt auf dem Niveau von 1998 und eine Normalisierung setzt ein. Dieses Ereignis geht als *Dotcom-Blase* in die Börsengeschichte ein.

Wie das Beispiel der Digitalwirtschaft zeigt, hängt die Dynamik stark von der Reife eines Systems ab. Neue Entwicklungen verlaufen oft turbulent und wenig vorhersehbar, bis sich nach einiger Zeit tragfähige Geschäftsmodelle herausbilden, neue Abläufe einspielen und nicht zuletzt die gesetzliche Regulierung einsetzt. Die Rahmenbedingungen stabilisieren sich. Dadurch reduziert sich die Vielfalt möglicher Entwicklungspfade, die Komplexität nimmt ab. Stabilität und Vorhersehbarkeit nehmen zu.

Zum anderen hängt die Prognosesicherheit von der Detailtiefe der Betrachtung ab. Während für die gesamte Digitalwirtschaft noch relativ verlässliche übergreifende Aussagen getroffen werden können, entwickeln sich einzelne, insbesondere junge Segmente weiterhin sehr dynamisch. Die aktuellen Entwicklungen in den Bereichen Blockchain oder Quantencomputer sind dafür gute Beispiele.

Wenden wir uns von der Dynamik kurz ihrem Gegenstück zu, der Stabilität. Viele Dinge verändern sich sehr langsam und können für die Betrachtung kurzer Zeiträume als stabile Rahmenbedingungen betrachtet werden. Gerade wegen ihrer Stabilität nehmen wir sie oft gar nicht wahr. Erst wenn wir sie verändern wollen, merken wir ihren Widerstand.

Stabile Anker ergeben sich aus dem Status quo, in dem wir uns eingerichtet haben. Beim Beispiel der Mobilität haben wir die bestehende Infrastruktur und das etablierte Ökosystem von Anbietern und Dienstleistern gesehen, die ihre Geschäftsmodelle dauerhaft betreiben wollen.

Der Status quo wird durch Vorschriften und Gesetze, Normen und Kontrollen stabilisiert. Er beruht aber auch auf einem gesellschaftlichen Fundament, auf Werten und Grundüberzeugungen, auf ungeschriebenen sozialen, kulturellen und religiösen Normen. Abläufe und Prozesse optimieren sich auf den Status quo, damit alle Faktoren reibungslos zusammenspielen. Innovationen innerhalb eines etablierten Systems müssen sich in die bestehenden Spielregeln einfügen, müssen am Status quo anknüpfen. Die gesellschaftliche Akzeptanz einer Neuerung ist ein wichtiger Erfolgsfaktor, ein falsches politisches Umfeld kann Veränderungen verhindern. Je mehr eine Neuerung das System zu verändern versucht, desto größer wird der Widerstand.

Im Unternehmenskontext sorgen etablierte Abläufe, verbindliche Verträge, langfristige Investitionen sowie ein erfolgreich laufendes Geschäftsmodell für Kontinuität. Im privaten Bereich sind es zum Beispiel der eigene Job und die eigene Wohnung. Auch die Familie, der Freundeskreis und die über Jahre hinweg ausgeübten Hobbies sorgen für Kontinuität. Der Status quo kann also durchaus angenehm sein. Je stärker wir uns aber in ihm einrichten, desto schwerer wird ein fundamentaler Wandel.

# TECHNOLOGIE ALS TREIBER DER VERÄNDERUNG

Wenn wir von den großen Veränderungen in der Welt lesen, stehen oft neue Technologien im Mittelpunkt. Autonomes Fahren, künstliche Intelligenz, Internetplattformen und vieles mehr bestimmen nicht selten die aktuellen Schlagzeilen. Einige Beispiele haben Sie bereits in den vorangegangenen Kapiteln gelesen. Es ist offensichtlich, dass Technologien einen großen Einfluss auf den Verlauf der Zukunft haben und manchmal fühlen wir uns von den schnellen Entwicklungen neuer Technologien hilflos überrannt. Doch was ist Technologie eigentlich? Und wie verändert sie unser Leben?

Mit dem Faustkeil fängt alles an. Bereits vor rund zwei Millionen Jahren erfindet der frühzeitliche Mensch mit dem Faustkeil das erste Werkzeug. Bis dahin war er auf die Möglichkeiten seines Körpers, die Kraft seiner Arme und die Geschicklichkeit seiner Hände beschränkt. Frühe Werkzeuge erweitern seine Möglichkeiten. Mit dem Faustkeil können Früchte, Pflanzen und erlegte Tiere auf völlig neue Art und Weise verarbeitet werden. Der Mensch gewinnt an Flexibilität gegenüber den Gegebenheiten der Natur.

Die neuen Möglichkeiten führen zu einer veränderten Lebensweise. Durch die Weiterentwicklung des Faustkeils können Speisen anders zubereitet und andere Tiere gejagt werden. Die Verarbeitung von Fellen führt zu besserer Kleidung und zur Herstellung von Zelten, was dem frühen Menschen ein neues Wanderverhalten ermöglicht. Er koppelt sich zum ersten Mal vom natürlichen Verlauf der Jahreszeiten ab.

Die Werkzeuge mit all ihren Vorteilen bringen aber auch Zwänge mit sich. Spezielle Ausgangsmaterialien müssen beschafft und die immer komplexer werdenden Werkzeuge hergestellt werden. Auch die Herstellung und Handhabung der Werkzeuge will gelernt sein. Die Herstellung eines guten Faustkeils dauert mehrere Stunden, in denen man nicht nach Nahrung suchen kann. Der Vorteil des Werkzeugs muss diesen Nachteil mindestens ausgleichen. Da nicht jeder die Herstellung von Werkzeugen beherrscht, kommt es zu einer Spezialisierung und Arbeitsteilung innerhalb der Gruppe. Aufgrund dieser Veränderungen kann der Urmensch nicht ohne weiteres in die Zeit vor der Erfindung des Werkzeugs zurückkehren. Und wie wir wissen, tut er das auch nicht. Im Gegenteil, er beschreitet konsequent den Weg der Technologie.

Eine weitere einschneidende Veränderung der Lebensweise beginnt mit dem Aufkommen des Ackerbaus, der mit einer Vielzahl von Techniken der Bodenbearbeitung, der Wasserbewirtschaftung sowie der Lagerung und Verteilung der Ernte einhergeht. Lebte der Mensch bisher von dem, was die Natur ihm bot, so wird er nun zum Erzeuger seiner eigenen Nahrung.

Mit dem Ackerbau macht sich der Mensch unabhängiger von den Launen der Natur. Er zwingt ihn aber auch zur Sesshaftigkeit und zu einer engeren Zusammenarbeit in der Gruppe. Es entstehen Siedlungen, die befestigt, unterhalten und gegen Tiere und Feinde geschützt werden müssen.

Konnte bis dahin jeder Einzelne sein Hab und Gut jederzeit mitnehmen, so führt die Sesshaftigkeit zur Anhäufung von Haushaltsgegenständen. Auch für deren Herstellung werden Methoden und Werkzeuge benötigt. Aufwändigere Geräte und die Vielfalt der landwirtschaftlichen Arbeiten verstärken die Arbeitsteilung, verändern das Gemeinschaftsgefüge.

Das Zusammenleben in der Siedlung folgt nun neuen Regeln, die mit dem Leben auf der Wanderschaft nicht mehr viel gemein haben. Es entsteht ein komplexes soziales Gefüge, in dem jeder Einzelne eine feste Rolle hat. Regelungen über den Besitz der immer vielfältigeren Gegenstände gewinnen an Bedeutung: Was gehört der Gruppe, was dem Einzelnen? Wer erhält den Besitz, wenn jemand stirbt? Was passiert, wenn jemand aus dem sozialen Gefüge ausbricht oder die Gemeinschaft verlässt? Das Leben wird komplizierter.

Wir können beliebig weit in der Geschichte voranschreiten, immer wieder zeigt sich das Wechselspiel zwischen Technologie und Gesellschaft. Neue technische Entwicklungen führen zu neuen Möglichkeiten, die einen Vorteil gegenüber dem alten Stand darstellen. Die Nutzung des Feuers, die Erfindung der Elektrizität oder der Chemie, aber auch die Einführung des Internets sind weitere Beispiele einschneidender Veränderungen. Der Einsatz einer neuen Technologie bringt Zwänge mit sich, die unser Leben verändern, manchmal kaum wahrnehmbar, manchmal radikal. Ist eine Technologie erst einmal eingeführt, ist ein Zurück oft nicht mehr möglich, weil sich unser Verhalten und unsere Ansprüche an die neue Situation angepasst haben. Stellen Sie sich vor, Sie müssten ab morgen auf Ihr Smartphone verzichten. Das wäre sicher eine Herausforderung.

Es ist nicht allein die Entdeckung einer neuen Technologie, die fortan das Leben der Menschen beeinflusst. Es ist vielmehr eine Wechselwirkung, ein gegenseitiges Befruchten. Lassen Sie mich dies an einem konkreten Beispiel verdeutlichen: der Vereinheitlichung der Zeit.

Noch zu Beginn des 19. Jahrhunderts gibt es keine einheitliche Zeit. Jeder Ort hat seine eigene Ortszeit, die sich nach dem Stand der Sonne richtet. Steht die Sonne im Zenit, ist es zwölf Uhr Mittag. Das bedeutet aber auch, dass es im östlichen Nachbarort schon etwas später ist, während es im Westen noch Vormittag ist. Die Abweichungen sind gering, aber je weiter man nach Osten oder Westen kommt, desto größer wird der Unterschied. Zwischen Düsseldorf und Berlin summiert sich die Abweichung auf 27 Minuten.

Die damalige Mobilität beschränkt sich meist auf das Gehen. Kutschen und Pferde sind die schnelleren Ausnahmen. Die Reisezeit von Ort zu Ort ist so groß, dass ein wirkliches „gleichzeitig" im normalen Leben keine praktische Bedeutung hat. Kleine Zeitunterschiede fallen nicht ins Gewicht.

Das ändert sich mit dem Aufkommen der Eisenbahn. Die ersten Eisenbahnstrecken sind noch unabhängig voneinander. Die höhere Geschwindigkeit der Eisenbahn führt bei größeren Entfernungen auf Basis der Ortszeit zu unterschiedlichen Reisezeiten in Ost-West-Richtung im Vergleich zur Gegenrichtung. Schwierig wird es aber erst mit der Entstehung größerer Eisenbahnnetze, die nach einem abgestimmten Fahrplan verkehren. Für das gesamte angeschlossene Gebiet ist nun eine einheitliche Zeit erforderlich.

So basiert bereits 1848 der Fahrplan der Preußischen Staatsbahn auf der Berliner Zeit, dem sogenannten *Inneren Dienst*. Dieser ermöglicht die Koordination der Zugverbindungen und gilt für den Betrieb und das Personal der Bahn. Für die Reisenden gibt es parallel dazu den *Äußeren Dienst* mit der für sie wichtigeren jeweiligen Ortszeit. Es existieren also gleichzeitig zwei verschiedene Zeitsysteme, die ineinander umgerechnet werden müssen. Gelegentlich stehen an den Gleisen mehrere

Bahnhofsuhren, die unterschiedliche Zeiten anzeigen.

Zudem haben viele der damaligen Kleinstaaten eigene Bahngesellschaften, deren Innerer Dienst sich nach der Zeit der jeweiligen Zentrale richtet. Sie können sich vorstellen, dass es dabei immer wieder zu Fehlern kommt. In der Tat sind Unfälle aufgrund verwechselter Zeitsysteme ein Antrieb, das System in Frage zu stellen und eine Vereinheitlichung herbeizuführen. Bis 1891 gelingt es zumindest, die Anzahl unterschiedlicher Eisenbahnzeiten im Deutschen Reich auf fünf zu reduzieren.

Der Druck zur vollständigen Vereinheitlichung kommt jedoch aus einer anderen Richtung, der Erfindung des Telegrafen. Mit Hilfe der Telegrafie können Informationen ohne Zeitverzögerung übermittelt werden, es entsteht eine echte „Gleichzeitigkeit". Die Eisenbahngesellschaften nutzen die Telegrafie schon bald entlang der Bahnstrecken, um etwa Abfahrtsinformationen schneller als der Zug selbst zu übermitteln.

Nach mehreren technischen Weiterentwicklungen beginnt im Jahr 1876 in Deutschland der systematische unterirdische Ausbau von Telegrafiestrecken. Zu jeder Zeit kann mit jedem Ort ohne Zeitverzögerung kommuniziert werden, bald auch über Deutschland hinaus. Es entsteht eine echte Gleichzeitigkeit im Alltag, die sich zunehmend auf den Geschäftserfolg von Unternehmen auswirkt. Die Vielfalt der Zeitsysteme wird zu einem immer drängenderen Problem. Im April 1893 führt Kaiser Wilhelm II. schließlich eine bis heute gültige, landesweit einheitliche Zeit ein.

In anderen Ländern verläuft die Vereinheitlichung der Zeit ähnlich, mit der Entwicklung der Eisenbahn und der Einführung der Telegrafie als wichtige Triebkräfte. Auch die nach festen Fahrplänen verkehrenden Postkutschen spielen eine Rolle. Lokale geografische und gesellschaftliche Besonderheiten beeinflussen dabei den konkreten Verlauf und den Zeitpunkt der Einführung. Die internationale Standardisierung beginnt schließlich 1884 auf der Internationalen Meridiankonferenz in Washington mit der Einteilung der Welt in 24 Zeitzonen, auch wenn die globale Umsetzung bis weit in das 20. Jahrhundert dauert.

Technologie muss daher immer im gesellschaftlichen Kontext gesehen werden. Die Gesellschaft übt einen wesentlichen Einfluss auf die Entwicklung aus. Wir alle entscheiden, welchen Wert wir einer Technologie beimessen und wie wir sie nutzen wollen. Unsere Einstellungen, unsere Ausbildung und unsere Erfahrungen prägen die Entwicklung neuer Technologien, können Fortschritt befeuern oder Innovation bremsen.

In der Techniksoziologie beschreibt die Theorie des *Social Shaping of Technology* die Wechselwirkung zwischen Technologie und Gesellschaft. Demnach besitzt jede Gesellschaft eine historisch gewachsene technologische Prägung. Die Technologien früherer Generationen und deren Erfahrungen mit ihnen prägen unsere Einstellung. Sehen wir Technologie als nützlich an? Haben wir überwiegend positive Erfahrungen gemacht? Oder überwiegt die Skepsis? Sind wir es gewohnt, Neuerungen mit Misstrauen zu betrachten und eher vorsichtig mit ihnen umzugehen? Sind die Begriffe des Erfinders und Unternehmers positiv oder negativ besetzt?

Das spiegelt sich auch im formalen Umgang mit Technologie wider. Inwieweit muss eine technologische Neuerung erst gesetzlich geregelt werden? Wie wichtig sind uns Normen und Vorschriften, Genehmigungen und Ausnahmeregelungen etc. Wie technisiert ist unser Alltag? Wie digitalisiert ist unsere Verwaltung? Die historische Prägung der Gesellschaft bildet die Grundlage für die heutige Einstellung zu Technologie.

Was passiert, wenn nun eine neue Technologie auftaucht? Wie geht die Gesellschaft, wie gehen wir damit um? In der Techniksoziologie spricht man von einem gesellschaftlichen

*Aushandeln* der Lösung. Dabei geht es weniger um offene Diskussionen oder den Austausch von Argumenten, sondern um die Akzeptanz und den Umgang jedes Einzelnen mit der Technologie.

Erinnern wir uns an das Diffusionsmodell. Es beschreibt, wie sich Innovationen in einer Gesellschaft verbreiten. Jede einzelne Phase im Diffusionsmodell entspricht einer Stufe im Aushandlungsprozess. Übernimmt die nächste Gruppe von Akteuren die Innovation? Und wie setzt sie diese ein?

Bei großen Veränderungen reden Institutionen wie die Politik, der Gesetzgeber oder technische Gremien mit. Auch Gewerkschaften und andere Interessengruppen bringen sich ein und beeinflussen die Nutzung der Technologie und ihre Auswirkung auf die Gesellschaft. Möglicherweise gibt es einzelne Gruppen oder Unternehmen, die stark von der neuen Technologie profitieren und nun versuchen, die öffentliche Meinung zu prägen. Auch kann es begründete oder unbegründete Ängste vor negativen Auswirkungen geben, die von anderen Gruppen aufgebracht werden. All diese Meinungen und Informationen treffen aufeinander, bis sich ein Umgang mit der neuen Technologie findet und sich allmählich ein gesellschaftlicher Konsens herausbildet. Der Aushandlungsprozess ist abgeschlossen. Wie dieser Konsens genau aussieht, hängt nach der Theorie des Social Shaping of Technologie wesentlich von den Machtverhältnissen und dem Einfluss der einzelnen Akteure ab. Das Ergebnis entspricht nicht notwendigerweise der besten Lösung.

Schließlich wird die neue Technologie zu neuen Anwendungen führen. Wo und wofür sie eingesetzt wird, unterliegt dem gesellschaftlichen Konsens, der sich im Laufe der Zeit aufgrund neuer Erfahrungen und Gewohnheiten ändern kann. Vieles, was anfangs skeptisch betrachtet wird, wird später zur Selbstverständlichkeit. Anderes wiederum setzt sich vielleicht nicht durch. Die Technologie findet Eingang in den gesellschaftlichen Alltag und wird Teil der technologischen Prägung, auf deren Grundlage neue Technologien beurteilt werden.

Lassen Sie mich dies am Beispiel der im Jahr 2018 in Kraft getretenen Datenschutz-Grundverordnung (DSGVO) der Europäischen Union illustrieren. Die Datenschutz-Grundverordnung regelt den Umgang mit personenbezogenen Daten, also wie Unternehmen und Behörden mit unseren persönlichen Daten umgehen müssen. Welche Daten dürfen gesammelt und gespeichert werden? Wofür dürfen sie verwendet und weitergegeben werden? Wofür ist unsere Zustimmung erforderlich und wie können wir diese Daten wieder löschen lassen?

Die Verordnung wird in ihrer Entstehungsphase sehr intensiv diskutiert. Es gibt Unternehmen wie Internethändler und Online-Portale, die von der Nutzung personenbezogener Daten ihrer Kunden stark profitieren und sich für großzügige Regelungen einsetzen. Es gibt aber auch Interessengruppen, die in einem möglichen Missbrauch persönlicher Daten eine große Gefahr sehen. In Fernsehen und Internet wird intensiv über das Für und Wider der einzelnen Regelungen berichtet und natürlich geht der Gesetzentwurf seinen üblichen Weg durch die Gremien und Verwaltungsverfahren.

Ein wesentlicher Effekt der Datenschutz-Grundverordnung ist die geschaffene Rechtssicherheit. Auch wenn nicht alle Betroffene mit der konkreten Ausgestaltung zufrieden sind, ist nun klar, wie mit personenbezogenen Daten umzugehen ist. Die Nutzer der Daten laufen nicht mehr Gefahr, sich durch unbewusstes Fehlverhalten strafbar zu machen. Sie können nun auch sicher sein, dass der Wettbewerber die gleichen Regeln befolgt und sich keine heimlichen Vorteile verschaffen kann. Personen, deren Daten erhoben und gespeichert werden, kennen nun ihre Rechte und sind besser vor Missbrauch geschützt.

Die Diskussion um den Schutz personenbezogener Daten findet aber nicht nur in Europa statt. Schauen wir in die USA, so finden wir dort deutlich lockerere Regelungen. Dort sind viele international agierende IT-Unternehmen beheimatet, deren Geschäftsmodelle von der Nutzung personenbezogener Daten profitieren. Auch die Angst vor Datenmissbrauch ist deutlich geringer. Der gesellschaftliche Konsens erlaubt einen großzügigeren Umgang mit Daten. Lediglich der Umgang mit Finanz- und Gesundheitsdaten ist in den USA restriktiv geregelt. Global agierende IT-Unternehmen sehen sich durch die europäischen Regelungen in ihrem internationalen Geschäft beeinträchtigt und bringen daher frühzeitig Änderungsanträge zur europäischen Datenschutzgrundverordnung ein.

Einen deutlichen Gegensatz zum europäischen Konsens stellt die Situation in China dar. Aufgrund der kommunistischen Tradition der Gesellschaft ist die Sammlung und zentrale Zusammenführung personenbezogener Daten durch den Staat eine Selbstverständlichkeit. Sie wird sogar überwiegend positiv gesehen, da der Staat eine fürsorgende Funktion übernimmt, seine Bürger schützt und für ein gutes Zusammenleben sorgt. So hat der Staat große Freiheiten im Umgang mit den Daten seiner Bürger, und auch den Unternehmen werden viele Freiheiten eingeräumt. Der gesellschaftliche Konsens zum Datenschutz weicht stark von unserem ab.

Während die Technologie zur Erfassung und Auswertung personenbezogener Daten in allen genannten Regionen vergleichbar ist, ist die gesellschaftlich geprägte Nutzung sehr unterschiedlich. Das Zusammenspiel von Technologie und Gesellschaft hat zu regional unterschiedlichen Ergebnissen geführt.

Bisher haben wir den Begriff *Technologie* sehr abstrakt genutzt. Aber was genau meinen wir eigentlich, wenn wir von

Technologie sprechen?

Nehmen wir als Beispiel das Smartphone. Ist das Smartphone nur ein Gerät, das wir in der Hand halten, ein Plastikgehäuse mit elektronischen Bauteilen und einem Display? Natürlich nicht. Die Technologie des Smartphones definiert sich über die Art der Nutzung. Wir telefonieren, chatten und nutzen Anwendungsprogramme, die *Apps*, die so vielfältig sind, dass sie quasi einen persönlichen Sekretär ersetzen. Dabei sind die meisten Apps gar nicht Teil des Smartphones. Sie laufen auf einem Server in der Cloud und werden nur über unser Smartphone angesprochen. Unser Smartphone stellt lediglich die Ein- und Ausgabeschnittstelle dar und verbindet uns per Funktechnologie mit anderen Geräten.

Wenn wir also von Smartphone-Technologie sprechen, meinen wir zum einen das Gerät selbst mit seinen Komponenten wie Gehäuse, Display, Prozessoren, Funkmodulen, Speicher, verschiedensten Sensoren und vielen weiteren Komponenten. All diese Komponenten müssen entwickelt, hergestellt, montiert und am Ende des Lebenszyklus hoffentlich wieder getrennt und recycelt werden. Die Smartphone-Technologie würde ohne ihre Produktionskette nicht existieren.

Wir meinen aber auch die vielen Anwendungen, die auf unserem Smartphone laufen, die vielen Firmen und Programmierer, die Apps entwickeln, verkaufen, betreiben und regelmäßig aktualisieren. Dazu gehört auch die Serverinfrastruktur des Internets, über die wir die Apps kaufen und nutzen und wo die Daten unserer Anwendungen liegen. Auch diese Infrastruktur muss aufgebaut, betrieben und gewartet werden. Die Kommunikationsinfrastruktur müssen wir mit dazuzählen, damit wir telefonieren, chatten und ins Internet gehen können. Die Telekommunikationsindustrie ist also auch Teil der Smartphone-Technologie.

Und schließlich müssen wir auch uns selbst zu einem Teil der

Technologie machen. Das klingt zunächst verrückt, wir sind doch Menschen und keine Technologie. Aber bei der Bedienung unserer Smartphones folgen wir den Regeln, die uns die Technik und deren Anbieter vorgeben. Wir tippen und wischen mit den Fingern, entsperren und geben Daten ein. Wir laden regelmäßig den Akku auf und reinigen das Display. Wir installieren neue Apps und erlernen oft mühsam die Feinheiten der Bedienung. Wir schließen Mobilfunkverträge ab und bezahlen unsere Rechnungen. So ändern wir unser Verhalten für die Technik.

Nun können Sie zu Recht einwenden, dass vieles des oben Beschriebenen nicht zur Smartphone-Technologie gehört. Doch wo würden Sie die Grenze ziehen? So eindeutig ist das nicht. Klar ist jedoch, dass all diese Elemente unverzichtbar sind. Ohne sie würde das Smartphone nicht funktionieren. Die Etablierung einer neuen Technologie führt auf unterschiedlichsten Ebenen zu Veränderungen. Sie webt sich in das Gefüge der Gegenwart und lässt sich danach kaum wieder entfernen.

Lassen Sie uns einen Schritt zurücktreten und das große Bild betrachten. Aus der Techniksoziologie wissen wir, dass die Entwicklung einer Technologie immer im Wechselspiel mit der Gesellschaft erfolgt. Am Beispiel des Smartphones haben wir gesehen, dass sich Technologien eng mit der Gesellschaft verknüpfen. Es entstehen Wertschöpfungsketten und Ökosysteme, die Technologien in die Anwendung bringen und anschließend nicht wieder verschwinden. Wir selbst ändern unser Verhalten, um von einer Technologie zu profitieren. Dafür lassen wir alte Gewohnheiten hinter uns und binden uns an neue Technik. Ich frage noch einmal: Stellen Sie sich vor, Sie müssten ab morgen auf Ihr Smartphone verzichten. Was würden Sie vermissen?

Da Technologie und Gesellschaft so eng miteinander verwoben sind, verstehen wir nun aber auch, wie sie zum Treiber der Veränderung werden. Technologien erweitern das Spektrum unserer Möglichkeiten, manchmal in kleinen Schritten, manchmal radikal. Natürlich liegt es immer an uns, was wir aus diesen Möglichkeiten machen. Wenn wir uns aber auf sie einlassen, wird sich unser Leben, wird sich die Gesellschaft nachhaltig verändern. So sind neue Technologien oft der Auslöser von Veränderungsprozessen und treiben den Wandel an, der sonst viel langsamer und vielleicht auch in eine ganz andere Richtung verlaufen würde.

# DER MENSCH ALS GESTALTER

In der Diskussion darüber, wie Technologie Veränderungen bewirkt, haben wir die intensive Wechselwirkung zwischen Technologie und Gesellschaft beleuchtet. Die Gesellschaft reagiert auf den technologischen Wandel. Sie beeinflusst deren Verlauf. Sie verändert sich dadurch auch selbst. Die Gesellschaft ist aber nichts anderes als eine Gruppe von Menschen mit individuellen Wünschen und Bedürfnissen, Vorlieben und Abneigungen. Die Gesellschaft ist also ein abstraktes Gebilde, das sich aus einer Vielzahl von individuellen Verhaltensweisen und Entscheidungen zusammensetzt, quasi das vereinfachende statistische Mittel.

Wenn sich die Gesellschaft verändert, sind es in erster Linie die einzelnen Menschen, die ihre Einstellungen und ihr Verhalten ändern. Und nicht alle Veränderungen betreffen ganze Gesellschaften. Oft sind es kleinere Einflussbereiche wie eine Stadt, ein Unternehmen, eine Branche oder eine andere Gruppierung. Das kann auch die eigene Familie oder der Sportverein sein. Die Veränderung einzelner Personen macht noch keinen großen Unterschied. Aber je mehr es werden, desto mehr verändert sich die Gesellschaft als Ganzes. Wenn wir also verstehen, wie Menschen mit Veränderungen umgehen, verstehen wir auch besser, wie sich die Zukunft entwickelt.

Noch zu Beginn des 19. Jahrhunderts ist die Produktion von Handarbeit geprägt. Handarbeit hat sich im Laufe der Zeit von einfachen Tätigkeiten zu hochkomplexen Aufgaben entwickelt. Die Kenntnisse über Materialien, Werkzeuge und Arbeitsweisen nehmen ständig zu und erfordern von jedem Handwerker eine immer längere Ausbildung. Handwerker schließen sich in Zünften zusammen, die eine feste Struktur von Meistern, Gesellen und Lehrlingen haben, die Preise festlegen und Qualität garantieren. Der Handwerker ist ein unverzichtbarer Teil der Gesellschaft und genießt hohes Ansehen.

Die beginnende Industrialisierung stellt diese Ordnung in Frage. Immer komplexere Maschinen übernehmen Aufgaben, die bisher von Hand erledigt wurden. Sie liefern Produkte schneller und billiger. Viele Tätigkeiten können nun auch von ungelernten Kräften ausgeführt werden. Nicht mehr der Arbeiter bestimmt den Takt der Produktion. Er muss sich zunehmend den Anforderungen der Maschine anpassen. Während klassische Handwerkertätigkeiten diesem Wandel zum Opfer fallen, entstehen auf der anderen Seite neue Aufgaben rund um die Herstellung, Bedienung und Wartung der Maschinen.

Den etablierten Zünften droht der Verlust von Macht und Einfluss. Die Handwerker sehen ihr Einkommen und ihren Status bedroht. So kommt es zu dem, was heute als *Maschinensturm* bezeichnet wird. In Gruppen von oft über 100 Personen dringen Arbeiter in Fabrikhallen ein und zerstören die neuen Maschinen, die für ihre Misere verantwortlich zu sein scheinen. Dabei geht es nicht darum, den Fortschritt aufzuhalten. Viele Handwerker, die zu den gebildeten Schichten ihrer Zeit gehören, haben großen Respekt vor der neuen Maschinentechnik. Es ist vielmehr der verzweifelte Versuch, den persönlichen Abstieg zu verhindern. Denn der Verlust der Arbeit bedeutet damals nicht selten Hunger und Armut für die ganze Familie.

Jede Veränderung führt zu Gewinnern und Verlierern. Je schneller sich der Wandel vollzieht, desto dramatischer können seine Auswirkungen sein. Während die Industrialisierung viele Handwerker in den Ruin treibt, ermöglichte sie vielen anderen Menschen den Besitz von Produkten, die zuvor unerschwinglich waren.

Stellen Sie sich vor, Sie sind ein gut verdienender Handwerker zu Beginn der Industrialisierung. Auch Sie sind fasziniert von der neuen Maschinentechnik. Vielleicht ist Ihnen sogar bewusst, dass viele Menschen von den sinkenden Preisen profitieren werden. Dennoch sehen Sie die Situation nicht nur rational. Wahrscheinlich haben Sie Angst vor der Zukunft oder fühlen sich zumindest verunsichert. Wie wird es Sie konkret treffen? Werden Sie bald keine Aufträge mehr bekommen? Werden Sie einen Job in einer der neuen Fabriken finden? Können Sie Ihre Familie noch ernähren, Ihre Wohnung noch bezahlen?

Wie werden Sie reagieren? Werden Sie versuchen, das Beste aus der Situation zu machen, die Herausforderung anzunehmen und den besten Weg für sich und Ihre Familie zu finden? Oder schließen Sie sich den Protesten der Maschinenstürmer an, riskieren damit aber auch eine harte Strafe? Vielleicht treibt Sie die Existenzangst zu noch dramatischeren Aktionen. Auch damals gab es unterschiedliche Verhaltensweisen. Nicht jeder Handwerker hat sich den Maschinenstürmern angeschlossen. Viele lehnten die Bewegung sogar ab.

Bei der Analyse der Zukunft neigen wir dazu, ausschließlich rationale Argumente gegeneinander abzuwägen. Das ist verlockend, da es zu logischen Schlüssen führt. Die Realität ist jedoch viel komplexer, emotionaler und irrationaler. Individuelle Interessen sind oft ausschlaggebender als das Gemeinwohl. Der Erhalt von Position und Einfluss ist ein starker Motivator, unabhängig von der Art der Veränderung. Was springt für die handelnden Personen heraus? Welche Besitzstände gilt es zu verteidigen? Und nicht selten sind es die Taten Einzelner, die den Unterschied machen. Sei es der heldenhafte Anführer eines Aufstandes oder der charismatische Innovator, der die Massen begeistert.

Kennen Sie die Kronzeugenregelung vor Gericht? Angenommen, die Polizei verhaftet zwei Komplizen in einem schweren Verbrechen, kann aber keinem von beiden etwas nachweisen. Sie könnte aber beide wegen eines kleineren Vergehens für kurze Zeit hinter Gitter bringen. Hier kommt die Kronzeugenregelung ins Spiel. Die Staatsanwaltschaft bietet jedem der beiden Verhafteten unabhängig voneinander Strafmilderung an, wenn er gegen seinen Komplizen bei dem schweren Verbrechen aussagt. Aus der Gesamtperspektive wäre es für beide Täter das beste Ergebnis, wegen des kleineren Delikts für kurze Zeit ins Gefängnis zu gehen. Aus der Sicht jedes Einzelnen ist es jedoch attraktiv, den Mittäter für die schwere Straftat ans Messer zu liefern und dafür selbst Strafnachlass zu erhalten.

Dieses *Gefangenendilemma* ist ein klassisches Problem der Spieltheorie, die sich mit der Entscheidungsfindung von Akteuren in unterschiedlichsten Situationen beschäftigt. In diesem Beispiel gibt es zwar eine optimale Lösung für die Summe aller Beteiligte, nämlich die Strafe für das kleine Vergehen zu akzeptieren. Diese ist jedoch, um in der Sprache der Spieltheorie zu bleiben, *instabil*, da jeder Akteur für sich eine bessere Lösung wählen könnte. In der Realität wird der persönliche Vorteil oft dem Gesamtoptimum vorgezogen.

Ähnlich verhält es sich mit dem Klimaschutz. Obwohl wir alle wissen, dass wir eigentlich öfter das Auto stehen lassen, den Müll besser trennen und weniger Flugreisen unternehmen sollten, sind wir oft nicht konsequent. Denn jede Einzelentscheidung hat nur einen geringen Einfluss auf den

Klimawandel, der Schaden ist minimal und nicht sofort spürbar. Der persönliche Nutzen erscheint hingegen hoch und ist unmittelbar vorhanden. Es wird schon nicht so schlimm sein! Über alle Menschen summiert sich das allerdings zu gewaltigen Klimasünden.

Es gibt also Konstellationen, in denen es keine einfachen Entscheidungen gibt, in denen der weitere Verlauf der Welt stark von der individuellen Situation und Einstellung der einzelnen Beteiligten abhängt. Zudem ist die Annahme falsch, dass jeder Beteiligte über alle relevanten Informationen verfügt. Gerade in Zeiten des Umbruchs, unabhängig ob groß oder klein, ist die Gemengelage unübersichtlich. Nicht jeder handelnde Akteur verfügt über die gleichen Informationen. Individuelle Entscheidungen hängen von den jeweiligen Handlungsmöglichkeiten ab. Es ist praktisch unmöglich, die Handlungen jedes Beteiligten abzuschätzen und daraus auf die Zukunft schließen zu wollen. Umgekehrt greift es aber zu kurz, nur die Gesellschaft als Ganzes zu betrachten.

Was bedeutet das für den Blick in die Zukunft? Wir haben gesehen, dass jede Veränderung zu Gewinnern und Verlierern führt. In Wirklichkeit gibt es ein breites Spektrum dazwischen. Viele Menschen werden von der Veränderung nicht betroffen sein, andere nur wenig. Das bedeutet nicht, dass sich diese Personen passiv verhalten. Sowohl Gewinner wie auch Verlierer werden versuchen, andere Menschen zu beeinflussen und von ihrer Meinung zu überzeugen, um darüber in eine stärkere Position zu gelangen. Und sie werden aktiv den Wandel treiben oder eben abbremsen wollen. Für ein Verständnis von Veränderungen müssen wir also wissen, wer gewinnt und wer verliert und welche Möglichkeiten diese Personen haben, die Entwicklung zu beeinflussen.

Darüber hinaus gibt es Personen, die für den Wandel von besonderer Bedeutung sind: Politiker, Investoren,

Wirtschaftsführer, charismatische Führungspersönlichkeiten und viele andere. Hier wird die öffentliche Meinung beeinflusst, hier werden wichtige Entscheidungen getroffen, Weichen gestellt oder dauerhafte Fakten geschaffen. Dabei sind die relevanten Personen des bestehenden Systems noch leicht zu identifizieren. Die Treiber des Neuen müssen erst gefunden werden, denn es sind oft Personen außerhalb des alten Systems, die bisher noch nicht in Erscheinung getreten sind.

Zwar ist es schwierig bis unmöglich, das individuelle Verhalten einer Person vorherzusagen, wenn man sie nicht kennt. Häufig sind jedoch nicht die persönlichen Interessen einer Person ausschlaggebend, sondern ihre Rolle in der Gesellschaft. Ein Politiker gehört in der Regel einer Partei an, deren Grundsätze er in seinem Amt vertritt. Er vertritt die Interessen seiner Wähler und wird in der Regel in deren Sinne handeln. Dabei denkt er auch an die nächste Wahl, bei der er wiedergewählt werden möchte.

Als Politiker kann er zudem auf bestimmte Mittel zurückgreifen. Durch seine Präsenz in den Medien kann er öffentlichkeitswirksam Meinungen äußern und Menschen beeinflussen. Er kann Gesetze und Verordnungen auf den Weg bringen, Subventionen für bestimmte Themen ermöglichen und Vorhaben anderer Politiker blockieren oder zumindest verzögern. Er wird sich aber auch genau überlegen, für welche Themen er sich öffentlich einsetzt, um nicht ins Kreuzfeuer der Kritik zu geraten und seinem Ansehen zu schaden.

Andererseits wird von ihm Handlungsfähigkeit erwartet. Kaum ein Politiker gibt öffentlich zu, dass er auf eine bestimmte Entwicklung keine Antwort hat. Gerade in Krisen- und Ausnahmesituationen wollen Politiker zeigen, dass sie alles im Griff haben. So kann es zu überstürzten Regelungen, Verordnungen und Gesetzen kommen, auch wenn diese in der Situation gar nicht helfen.

Sicherlich ist diese Darstellung eines Politikers stark vereinfacht. Auch die Menschen in der Politik sind vielfältig, haben unterschiedliche Meinungen, Prinzipien und Vorgehensweisen. Aber das politische System zwingt sie in seine spezifischen Abläufe und Mechanismen, gibt ihnen aber auch große Gestaltungsmöglichkeiten. Wie sich jeder Einzelne in diesem Rahmen bewegt, wie er die Gestaltungsmöglichkeiten zu nutzen weiß oder ob er eher defensiv agiert, ist von Person zu Person unterschiedlich.

Nicht alles in der Politik dringt an die Öffentlichkeit. Vieles wird von der Verwaltung im Hintergrund bearbeitet und umgesetzt. Auch wenn die Grundzüge neuer Gesetze breit diskutiert werden, bleibt im Detail viel Gestaltungsspielraum. Oft ist man überrascht, was später als Kompromiss mehrerer Parteien umgesetzt wird, und fragt sich, ob dies im ursprünglichen Sinne geschehen ist. So präsent die Politik in den öffentlichen Medien ist, so schwierig ist es manchmal, die konkreten Entwicklungen zu verstehen.

Was wir gerade für die Politik diskutiert haben, gilt auch für andere Gruppen. Jede hat ihre Interessen und Zwänge, ihre Abläufe und Beschränkungen, ihre Einflusssphären und Handlungsmöglichkeiten. Ein Manager mag die Interessen seines Unternehmens in den Vordergrund stellen, ein Forscher den wissenschaftlichen Fortschritt. Die Kirche wird die Botschaft ihrer Religion vertreten, Eltern werden ihre Familie schützen.

Dies führt uns zurück zum Begriff der Gesellschaft. Eine Gesellschaft ist eine Gruppe von Menschen, die unter bestimmten politischen, wirtschaftlichen und sozialen Bedingungen zusammenleben. Geltende Regeln und Normen, Gesetze und Verordnungen, eingespielte Abläufe und Mechanismen geben einer Gesellschaft eine gewisse Homogenität. Dadurch wird die Gesellschaft als Ganzes verständlich, auch wenn jede einzelne Person wenig berechenbar ist. Es ist wie in einem Ameisenhaufen: Auch wenn jede einzelne Ameise scheinbar individuell ihrem Tagesablauf nachgeht, bildet der Ameisenhaufen ein wohlgeordnetes System.

Gesellschaften verändern sich langsam. Was sich in der Breite etabliert und über Jahrzehnte eingespielt hat, verschwindet nicht über Nacht. Veränderungen beginnen in kleinen Bereichen und breiten sich dann sukzessive aus, wenn sie nicht vorher gestoppt werden. Selbst größere Schocks bewirken manchmal überraschend wenig Veränderung. Aber es gibt auch Ereignisse wie Kriege und Katastrophen, die die Grundfeste jeder Gesellschaft zerstören können.

Das Ringen um Macht und Einfluss, um Frieden und (individuelle) Freiheit sind starke Triebkräfte für Veränderungen. Wenn wir zurückblicken, verbinden wir historische Ereignisse immer mit herausragenden Persönlichkeiten. Die Geschichtsbücher sind voll von ihnen. Doch keiner von ihnen hätte die Welt so sehr verändern können, wenn nicht die Zeit dafür reif gewesen wäre, wenn nicht ein großer Teil der jeweiligen Gesellschaft bereit gewesen wäre, diesen Menschen zu folgen. Und diese historischen Persönlichkeiten sind selbst auch ein Produkt ihrer Zeit, der Gesellschaft, in der sie aufgewachsen sind und gelebt haben. Damit möchte ich nicht den Eindruck erwecken, dass Gesellschaften nur passiv auf Veränderungen reagieren, ihnen vielleicht sogar hilflos ausgeliefert sind.

Im Jahr 1972 veröffentlicht der Club of Rome mit dem Buch *„Die Grenzen des Wachstums"* eine kritische Betrachtung über die Zukunft der Menschheit und löst damit weltweit Diskussionen aus. Im Club of Rome haben sich Experten aus über 30 Ländern zu einer gemeinnützigen Organisation zusammengeschlossen, um sich mit den großen Zukunftsfragen der Menschheit auseinanderzusetzen. Das Buch basiert auf einer Computermodellierung der Welt, in der das vorhandene Bevölkerungswachstum unverändert fortgeschrieben wird, und enthält konkrete Aussagen darüber, wann die natürlichen Ressourcen der Erde zur Neige gehen würden. Es formuliert aber auch konkrete, zum Teil radikale Maßnahmen, um diese düstere Zukunft abzuwenden.

Der Aufschrei ist groß, stellt das Buch doch einen Frontalangriff auf das etablierte Handeln von Staaten und Unternehmen dar. Die zugrunde liegende Methodik wird kritisiert, falsche Annahmen, gar Naivität werden unterstellt, man unterschätze den technischen Fortschritt und auch das Wachstum der Menschheit werde nicht wie angenommen weitergehen. Viele Kritikpunkte sind unbegründet, einige durchaus berechtigt. Das Buch selbst wird mit weltweit über 30 Millionen verkauften Exemplaren nicht nur zu einem Bestseller. Es löst vor allem breite Diskussionen aus. Der Ausbruch der ersten Ölkrise im folgenden Jahr heizt die Diskussionen erneut an. Die Welt wird sich ihrer Abhängigkeit von den endlichen natürlichen Ressourcen bewusst.

Rückblickend sind viele der vom Club of Rome prognostizierten Entwicklungen nicht eingetreten. Die natürlichen Ressourcen sind noch nicht erschöpft und auch das Wachstum der Weltbevölkerung hat sich verlangsamt. Die vom Club of Rome angestoßenen Diskussionen waren dafür ein wichtiger Impuls. Der Blick in die Zukunft hat die Zukunft verändert. Wissen schafft Veränderung. Wir Menschen sind durchaus in der Lage, die Welt positiv zu beeinflussen!

# WENN DOCH ALLES
# ANDERS KOMMT

Am 20. März 2010, kurz vor Mitternacht, bricht der isländische Vulkan Eyjafjallajökull aus. Das ist an sich nichts Besonderes oder Überraschendes, da der Vulkan schon früher ausgebrochen ist und bereits seit den 1990er Jahren wieder seismisch aktiv ist. Schon im Frühjahr 2009 nimmt seine Aktivität zu und Anfang 2010 werden erste Verschiebungen an der Oberfläche registriert, deutliche Vorboten eines bevorstehenden Ausbruchs. Doch die Heftigkeit der Eruption übertrifft alles bisher Dagewesene. Über drei Monate lang schleudert Eyjafjallajökull in mehreren Eruptionsphasen Vulkanasche in die Luft. Die Eruptionswolken erreichen Höhen bis zu 8000 Metern. Erst am 26. Juni 2010 wird die Lage wieder als unkritisch eingestuft.

So schlimm ein heftiger Vulkanausbruch für die unmittelbare Umgebung ist, diesmal sind auch weite Teile Europas betroffen. Winde tragen die feine Vulkanasche über Nord- und Mitteleuropa und bringen den Flugverkehr wochenlang zum Erliegen. Mehr als 100.000 Flüge müssen gestrichen werden. Millionen von Passagieren können ihre Reise nicht antreten oder sitzen in der Ferne fest. Alternative Transportmöglichkeiten können die hohe Nachfrage nicht decken, ungeplante Unterkünfte sind schwer zu finden, Logistikketten brechen zusammen.

Wenn wir heute auf dieses Ereignis zurückblicken, hat es die Welt nicht groß verändert. Zwar wurde in der Folge viel über die Anfälligkeit internationaler Lieferketten diskutiert. Aber wir arbeiten heutzutage praktisch wie in der Zeit vor 2010. Wir schauen auch nicht auf seismische Daten von Vulkanen, bevor wir eine Reise planen. Und unsere Lieferketten sind weiterhin schlecht auf überraschende Ereignisse vorbereitet. Allein der Tourismus in Island hat sich seitdem aufgrund der gestiegenen Bekanntheit vervierfacht.

Der Ausbruch des Eyjafjallajökull zählt zu den dramatischen Ereignissen, die für eine begrenzte Zeit die Welt auf den Kopf stellen, langfristig aber zu wenigen Änderungen führen. Dies war bereits 1980 beim Ausbruch des Mount St. Helens in den USA der Fall, einem der stärksten Vulkanausbrüche des 20. Jahrhunderts mit einem geschätzten wirtschaftlichen Schaden von über einer Milliarde US-Dollar.

Warum verändern solche Naturereignisse die Welt nicht stärker? Dafür gibt es mehrere Gründe. Auch wenn es einige Jahre dauern kann, sind die entstehenden Schäden irgendwann wieder beseitigt. Dann können wir unser Leben wie gewohnt weiterleben. Natürlich gibt es viele harte Einzelschicksale, Todesfälle und Sachschäden, die das Schicksal einzelner Menschen, Familien oder ganzer Orte verändern. Für den größten Teil Europas und den Rest der Welt normalisierte sich das Leben wieder, sobald sich die Aschewolken verzogen hatten.

Andererseits lassen sich Vulkanausbrüche mit den heutigen Mitteln weder sicher vorhersagen noch verhindern. Wir müssen mit ihnen leben. Lediglich der Umgang mit den Auswirkungen solcher Ereignisse liegt in unserer Hand. So können wir uns vorbeugend schützen, Notfallpläne erstellen oder unsere Prozesse und Strukturen so umgestalten, dass eine vorübergehende Naturkatastrophe unsere gewohnten Abläufe nicht völlig über den Haufen wirft.

Die Motivation für präventives Handeln ist aber oft sehr gering, da es Aufwand und Kosten verursacht. Und wer weiß, wann und wie stark der nächste Ausbruch sein wird. Vielleicht kommt es gar nicht mehr dazu. Ob Veränderungen eingeleitet werden oder nicht, hängt entscheidend von der individuellen Risikoeinschätzung ab. Wird die Wahrscheinlichkeit als gering angesehen, rücken die üblichen Aufgaben und Herausforderungen in den Vordergrund und ein noch so dramatisches Ereignis ist schnell vergessen.

Knapp ein Jahr später, am 11. März 2011, bebt die Erde erneut, dieses Mal unter dem Meeresboden 160 Kilometer vor der Küste Japans. Schon das Beben mit einer Stärke von 9,0 auf der Richterskala lässt in vielen japanischen Städten Gebäude einstürzen und richtet im ganzen Land Schäden an. Noch dramatischer ist der durch das Beben ausgelöste Tsunami, dessen über 14 Meter hohe Wellen 50 Minuten später auf Japans Küste treffen und sich ihren Weg bis zu zehn Kilometer ins Landesinnere bahnen.

Das an der Küste gelegene Kernkraftwerk von Fukushima ist zum Meer hin mit einer 5,7 Meter hohen Schutzmauer gesichert, die tiefsten Reaktorblöcke liegen in 10 Metern Höhe. Die Schutzmauer ist sogar höher ausgelegt, als es die Vorschriften verlangen. Nach damaligem Kenntnisstand sollten die Vorkehrungen für alle denkbaren Ereignisse ausreichen.

Gegen die Wellen des Tsunamis bieten sie keinen Schutz. Die Kombination von Erdbebenschäden und Überflutung führt zum Ausfall der Stromversorgung, der Kommunikationseinrichtungen und der Kühlwasserpumpen. Zerstörte Straßen und angespülte Trümmer behindern die Rettungsarbeiten. In den tiefergelegenen Reaktoren kommt es zur Überhitzung und schließlich zur Kernschmelze. Wiederholte Brände und Explosionen in den folgenden Tagen führen schließlich zur Freisetzung radioaktiver Stoffe in die Umwelt.

In unmittelbarer Umgebung des Kraftwerks überschreitet die radioaktive Strahlung die gesetzlichen Grenzwerte um das 200.000-fache. Noch in einer Entfernung von bis zu 30 Kilometern werden alarmierende Werte gemessen. Über 150.000 Menschen müssen evakuiert werden, viele davon können auch zehn Jahre später noch nicht in ihre Häuser zurückkehren. Insgesamt sterben 19.000 Menschen an den Folgen des Erdbebens.

Doch nicht nur die Region um Fukushima ist betroffen. Vielerorts steigt die radioaktive Belastung etwa des Leitungswassers an. Landwirtschaftliche Produkte aus der Region dürfen nicht mehr verkauft werden. Schiffe laufen aus Angst keine japanischen Häfen mehr an, die Zahl ausländischer Besucher bricht dramatisch ein. Da fast alle Kernkraftwerke Japans zu Überprüfungszwecken außer Betrieb genommen werden, kommt es landesweit zu vorübergehenden Stromabschaltungen. Ein großes Gebiet rund um das Kraftwerk ist für lange Zeit nicht mehr bewohnbar. Die Aufräumarbeiten werden wohl noch Jahrzehnte andauern. Der gesamte volkswirtschaftliche Schaden wird auf 150 Milliarden Euro geschätzt.

Im Gegensatz zum unkontrollierbaren Ausbruch des Vulkans Eyjafjallajökull wird in Japan ein Großteil der Schäden durch eine Technologie, der Kernenergie, verursacht. Weltweit wächst deshalb die Skepsis gegenüber der Kernenergie. Fast alle Länder lassen ihre Kernkraftwerke nach strengen Kriterien überprüfen. Die Regierungen stellen ihre Energiestrategien auf den Prüfstand.

Japan stoppt nach mehreren Großdemonstrationen zunächst den geplanten Neubau von Kernkraftwerken und verzögert die Wiederinbetriebnahme der abgeschalteten Reaktoren. Im

September 2011 wird dann der schrittweise Ausstieg aus der Kernenergie beschlossen. Länder wie Deutschland, Italien und die Schweiz folgen dem Beispiel Japans. Viele weitere Länder verschärfen zwar die Sicherheitsvorschriften ihrer Kraftwerke und rüsten die bestehenden Anlagen technisch auf, halten aber an der Kernenergie fest.

So konsequent diese Entscheidungen auch klingen, so wenig nachhaltig sind sie. Mittlerweile hat Japan die meisten seiner bestehenden Kernkraftwerke wieder ans Netz gebracht und plant bereits den Bau neuer Anlagen. Die Wende zurück zur Kernenergie ist vollzogen.

Die Katastrophe von Fukushima hat die Welt weit über Japan hinaus für Jahrzehnte verändert. Doch irgendwann wird das Gelände des zerstörten Kernreaktors aufgeräumt und die Strahlung unter alle kritischen Grenzwerte gesunken sein. Und irgendwann wird die Erinnerung an das Ereignis verblassen und von anderen Ereignissen in den Hintergrund gedrängt werden. Einige Veränderungen bleiben, vieles wird sich wieder normalisieren. Mit genügend zeitlichem Abstand enden manche dramatischen Ereignisse als Einträge in den Geschichtsbüchern, wenn sie nicht sogar ganz aus der Erinnerung verschwinden.

Andere Ereignisse wiederum verändern die Welt für immer. Der Meteoriteneinschlag, der vor 65 Millionen Jahren zum Aussterben der Dinosaurier führte, würde auch heute die Welt komplett auf den Kopf stellen. Aber auch kriegerische Auseinandersetzungen verändern die Verhältnisse in den betroffenen Ländern nachhaltig und bringen möglicherweise das globale Machtgefüge durcheinander. Das wirft die Frage auf, woran wir erkennen können, wie groß und wie dauerhaft die Veränderungen sein werden?

Abrupte Veränderungen führen zu Störungen etablierter Strukturen und Abläufe und verursachen eine Vielzahl von wenig vorhersehbaren Reaktionen der betroffenen Personen.

Die Komplexität der Welt nimmt zu und, wie wir inzwischen wissen, verschlechtert sich damit die Vorhersehbarkeit. Kurzfristige Prognosen sind daher äußerst unsicher. In der langfristigen Perspektive gibt es jedoch Anhaltspunkte, an denen wir das Ausmaß nachhaltiger Veränderung abschätzen können. Hier kommen wieder unsere Rahmenbedingungen ins Spiel.

Wie Sie sich erinnern, sind Rahmenbedingungen die stabilen Faktoren eines Systems. Die Welt hat sich auf sie eingestellt, Veränderungen finden innerhalb dieser Grenzen statt. Werden die Rahmenbedingen durch ein Ereignis nachhaltig verändert, so verändert sich das gesamte System, grundlegend neue Entwicklungen werden möglich. Bleiben die Rahmenbedingungen intakt, wird sich der alte Zustand mit einigen Modifikationen wieder einstellen.

Auch wenn diese Überlegung zunächst sehr abstrakt erscheint und in der praktischen Anwendung einige Herausforderungen mit sich bringt, ermöglicht sie doch eine individuelle Situationsbewertung. Beispielsweise kann ein Unternehmen konkret analysieren, welche Grundprinzipien seines Geschäfts durch das Ereignis betroffen sind und daraus ableiten, ob es lediglich die Krise überstehen muss oder auch langfristig gefährdet ist.

Der Ausbruch des Eyjafjallajökull und die Katastrophe von Fukushima sind so genannte disruptive Ereignisse. Sie zerstören die gewohnte Normalität und verändern die Zukunft. Disruptive Ereignisse sind nicht notwendigerweise vorher unbekannt. Starke Vulkanausbrüche hat es schon immer gegeben. Und auch vor Fukushima gab es schwere Atomunfälle wie etwa 1979 in Three Mile Island in den USA und 1986 in Tschernobyl in der Ukraine. Lediglich das Ausmaß der Folgen macht die Disruption aus. Wären die Tsunami-Schutzmaßnahmen wie etwa die meerseitige Schutzmauer des Kraftwerks in Fukushima besser gewesen, würden wir wohl nur von einem starken Erdbeben sprechen. Die Schäden hätten sich auf Japan beschränkt und wären schon einige Jahre später vergessen gewesen.

Unsere individuelle Wahrnehmung wird stark durch andere Faktoren verzerrt. Ein Flugzeugabsturz, bei dem alle Insassen ums Leben kommen, erregt unsere Aufmerksamkeit. Die jährlich rund 20.000 Verkehrstoten in Europa entziehen sich unserer Wahrnehmung. Obwohl zahlenmäßig die vielen Verkehrstoten bedeutsamer sind, erzeugt das seltenere Ereignis eines Flugzeugabsturzes größere Aufregung.

Die Medien spielen dabei eine entscheidende Rolle. Sie bedienen unsere Interessen, indem sie über Ereignisse berichten, von denen wir gerne hören. Damit verstärken sie unsere selektive Wahrnehmung. Über einen Flugzeugabsturz wird intensiver berichtet als über die vielen Verkehrstoten, die sich aus räumlich und zeitlich verteilten Einzelschicksalen zusammensetzen. Ein Atomunfall ist weitaus interessanter als die permanente Umweltverschmutzung durch die vielen Kohlekraftwerke und die damit verbundene erhöhte Sterblichkeit. Hätten sich die Aschewolken des Eyjafjallajökull nicht über halb Europa ausgebreitet, hätte sich außerhalb Islands kaum jemand für das Ereignis interessiert. Die Berichterstattung der Medien wäre deutlich geringer ausgefallen.

Es gibt mehrere Gründe, warum uns diese Art Disruptionen immer wieder überraschen. Zwei davon haben wir bereits kennengelernt: Statistik und Komplexität. Am Beispiel unseres Bogenschützen haben wir gesehen, dass viele Ereignisse einer Normalverteilung folgen. Der Bogenschütze, der auf die Mitte der Zielscheibe zielt, wird viele Pfeile ins Zentrums schießen. Es wird aber immer wieder Pfeile geben, die weiter entfernt auftreffen, einschließlich einiger Ausreißer, die nicht einmal die Scheibe berühren. Es kommt sehr selten vor, dass ein Pfeil mehrere Meter neben der Zielscheibe landet. Aber aus den verrücktesten Gründen kann auch das gelegentlich passieren, etwa wenn die Sehne des Bogens reißt.

Aus der sehr geringen Wahrscheinlichkeit eines eindeutigen Fehlschusses dürfen wir nicht schließen, dass dieser für lange Zeit nicht mehr auftritt. Es kann auch gleich beim nächsten Schuss wieder passieren - und dann vielleicht für viele Jahre nicht mehr. Die statistische Seltenheit von Extremereignissen wie Vulkanausbrüchen und Tsunamis bedeutet nicht, dass sie nicht zweimal kurz hintereinander auftreten können.

Oft verwechseln wir aber auch komplexe Systeme mit komplizierten. In der Annahme, dass dem Ausbruch von Vulkanen und dem Auftreten von Erdbeben komplizierte und damit prinzipiell berechenbare Mechanismen zugrunde liegen, verlassen wir uns auf unsere Modelle und Analysen. Daraus leiten wir Sicherheitsmaßnahmen und Notfallpläne ab, nur um später festzustellen, dass es weitere uns (damals) unbekannte Faktoren gibt, die wir leider nicht berücksichtigt haben. Natürlich ist es wichtig, die Höhe einer Schutzmauer nach rationalen Gesichtspunkten festzulegen. Wir dürfen uns damit aber nicht zu sehr in Sicherheit wiegen.

Und dann gibt es noch einen dritten, wenn auch sehr seltenen Grund: Das Eintreten eines Ereignisses, das die Welt (oder ein großer Teil davon) bis dahin noch nicht gekannt hat. Die zufällige Entdeckung Amerikas im Jahr 1492 auf der Suche nach einem neuen Seeweg nach Indien zählt dazu. Auch der Terroranschlag vom 11. September 2001 auf die Twin Towers in New York übertraf alle damaligen Vorstellungen möglicher Terrorakte. Natürlich haben schon vor dem Jahr 1492 Menschen in Amerika gelebt. Aber für alle anderen existierte dieser Kontinent bis dahin nicht. Auch die Planung des Anschlags auf die Twin Tower war einigen Personen bekannt, aber leider nur sehr wenigen. Das Problem mit diesen unbekannten Ereignissen ist, dass wir uns nicht auf sie vorbereiten können. Wir wissen weder, wann diese Ereignisse eintreten werden, noch worauf wir uns vorbereiten müssen.

Die bisher genannten Beispiele haben alle eine hohe globale Relevanz und zeigen, wie stark Extremereignisse den Lauf der Welt verändern können. Gleiches gilt aber auch für kleinere Einflusssphären, im positiven wie im negativen Sinn. Der Absturz eines Flugzeugs vor unserer Haustür wäre für uns als Person sicherlich ein solches Ereignis. Gleiches gilt für eine überraschende Erbschaft oder die sprichwörtliche Liebe auf den ersten Blick. Für ein Unternehmen kann es der unerwartete Markteintritt eines finanzstarken Wettbewerbers sein oder eine bisher unbekannte Technologie, die bestehende Produkte überflüssig macht. Der Beschleuniger für die industrielle Verbreitung der Dampfmaschine war eine Dürreperiode, die zu einem starken Anstieg der Futtermittelpreise führte. Das verteuerte die damals vorherrschende Nutzung von Tieren als Antriebskraft und machte den Einsatz der Dampfmaschine rentabel.

Auch mit den besten Methoden und Modellen kann die Zukunft nie mit Sicherheit vorhergesagt werden. Aus der Vergangenheit abgeleitete Risikomodelle können nie vollständig sein. Salopp gesagt: Es kann immer noch schlimmer kommen. Zudem führt die zunehmende globale Vernetzung von Gesellschaft und Wirtschaft zu möglichen Dominoeffekten. Eine politische Krise in einem rohstoffproduzierenden Land, sei es bei Öl, industriell wichtigen Edelmetallen oder Ausgangsstoffen für Medikamente, kann schnell zu einem Versorgungsengpass auf der anderen Seite der Erde führen.

Staaten, Unternehmen und auch Einzelpersonen sind gut beraten, sich Flexibilität zu erhalten, um auf überraschende Ereignisse reagieren zu können. Es geht vor allem darum, die Möglichkeit unerwarteter Veränderungen zu akzeptieren und sich darauf vorzubereiten, im Eintrittsfall die notwendigen Schritte aktiv anzugehen. Und es geht um geeignete Prozesse und Strukturen, die erforderlichen Maßnahmen auch schnell umsetzen zu können. Starke Abhängigkeiten können vermieden und Alternativen gezielt offengehalten werden. Entscheidungsprozesse sollten im Ernstfall drastisch verkürzt werden können und vieles andere mehr. Wie Sie bereits im Kapitel über Komplexität gehört haben, sind Agilität und Resilienz entscheidende Faktoren im Umgang mit Überraschungen.

Am 13. November 1872 trifft eine schwere Sturmflut auf die deutsche und dänische Ostseeküste. 271 Menschen sterben, weitere 15.000 verlieren ihr Zuhause, tausende Kühe und andere Nutztiere ertrinken, Schiffe havarieren und küstennahe Städte werden überflutet. Eine Sturmflut dieser immensen Kraft war in der Ostsee bis dahin nicht bekannt und ist in den seitdem vergangenen 150 Jahren nicht wieder aufgetreten. Auslöser waren eine unglückliche Konstellation und die lange Dauer wechselnder Sturmlagen, die für sich genommen nicht ungewöhnlich sind, in ihrer Kombination aber verheerend wirkten.

Auch wenn das Ereignis als singuläre Ausnahme erscheint, tun wir gut daran, uns gegen eine Wiederholung oder gegen ein noch stärkeres Ereignis zu wappnen. Der Anstieg des Meeresspiegels und die zunehmend dichtere Besiedlung der Küstenregionen würden zu deutlich höheren Schäden führen. 150 Jahre Ruhe bedeuten keine Sicherheit!

# TECHNISCHE DISRUPTIONEN

Das Wort Disruption begegnet uns heute meist im Zusammenhang mit technischen Innovationen. Während viele der bisher erwähnten überraschenden Ereignisse wie Erdbeben und Vulkanausbrüche außerhalb unseres Einflussbereichs liegen, werden technische Innovationen von Menschen gemacht. Im Vergleich zu gewöhnlichen Veränderungen durch Technologie weist der Begriff Disruption auf die zerstörerische Kraft der Neuerung hin. Technologische Disruptionen lösen bestehende Technologien ab, ermöglichen neue Dienstleistungen und Geschäftsmodelle und stellen mitunter ganze Branchen auf den Kopf.

Einige von Ihnen werden sich sicherlich noch an die Schallplatte erinnern, die mittlerweile nur noch von Sammlern und Liebhabern geschätzt wird. Die Schallplatte wird bereits im Jahr 1887 erfunden und prägt ein Jahrhundert lang die Art, wie wir Musik aufnehmen und wiedergeben. In den 1930er Jahren gesellen sich Tonbandgeräte dazu, die aber erst 1963 mit der Einführung der Musikkassette den Durchbruch im Massenmarkt der Privatanwender schaffen.

Das Revolutionäre an der Musikkassette ist die Möglichkeit für jedermann, Musik nach Belieben selbst aufzunehmen.

Insbesondere das Mitschneiden von Musik aus dem Radio wird kontrovers diskutiert, da es die Einnahmen der Plattenfirmen schmälert. Die Musikkassette stellt eine technische Disruption dar, da sie nicht nur auf einer neuen Technologie basiert, sondern auch das Geschäftsmodell der Plattenfirmen in Frage stellt. Der heftige Aufschrei der bedrohten Firmen führt zur Einführung einer Abgabe auf den Verkauf von Kassetten und Kassettenrekordern zugunsten der Plattenfirmen, die uns bis heute erhalten blieb und sogar auf weitere Datenträger ausgeweitet wurde.

Obwohl neue Musik nun nicht mehr nur auf Schallplatten, sondern parallel dazu auch auf Musikkassetten veröffentlicht wird, kann die Kassette die Schallplatte nicht verdrängen. Dies ändert sich mit der Einführung der Compact Disc, die 1981 der Öffentlichkeit vorgestellt wird und mit jährlich sinkenden Preisen der Abspielgeräte an Popularität gewinnt. Bereits 1989 werden mehr CDs als Langspielplatten verkauft und weitere zehn Jahre später werden kaum noch Schallplatten produziert.

Auch das Verdrängen der Schallplatte durch die CD fällt in die Kategorie der technischen Disruptionen. Nicht nur die Nutzer benötigen nun neue Geräte für ihren Musikkonsum. Auch die Herstellung von CDs und CD-Spielern unterscheidet sich von der bisherigen Technik. Nicht zuletzt wird Musik nun digital aufgezeichnet, was vielfältige Möglichkeiten der Nachbearbeitung eröffnet, die vorher undenkbar waren.

Die nächste Disruption der Musikindustrie kommt durch die Verbreitung des Internets. Nachdem Musik bereits digital verfügbar ist, dient das Internet nun als neues Verteilmedium. Private, anfangs oft illegale Tauschbörsen fordern erneut das klassische Geschäftsmodell der Musikindustrie heraus. Da diese sich auf Verbote und juristische Abwehrgefechte fokussiert, entsteht Raum für neue, nun auch legale Musikanbieter im Internet, die aus den ersten Versuchen gelernt haben und zunehmend professioneller auftreten.

Die heute dominierenden Online-Musikanbieter stammen allesamt nicht aus den Reihen der Musikindustrie, sondern haben ihre Wurzeln im Internetgeschäft. Sie haben die Branche völlig umgekrempelt. Auch wir Konsumenten kaufen immer seltener CDs, sondern streamen unsere Lieblingslieder, wenn wir gerade Lust darauf haben, für einen pauschalen Jahresbetrag. Auch unser Verhalten hat sich disruptiv verändert.

Technische Disruptionen ereignen sich nicht von selbst. Sie werden von Erfindergeist getrieben und basieren auf neuen technischen Möglichkeiten oder auf der Anwendung bekannter Technologien in einem neuen Kontext. Anfangs ist noch nicht klar, wie die spätere Innovation genau aussehen wird. Es gibt auch keinen direkten Weg zum Endprodukt. So gab es beispielsweise bei der Musikkassette zunächst verschiedene technologische Realisierungsformen, von denen sich dann ein System durchsetzte und zum Standard wurde. Auch ist nicht bei jeder neuen Erfindung klar, ob sie von den Nutzern angenommen wird. Nicht selten verschwinden Entwicklungen wieder vom Markt oder werden früh durch bessere Realisierungsformen verdrängt.

Im Gegensatz zu überraschenden Naturereignissen haben technische Innovationen nicht selten einen langen zeitlichen Vorlauf. Eigentlich sollte man meinen, dass sie nicht wirklich überraschend kommen. Die Realität zeigt jedoch ein anderes Bild. Obwohl es schon früh Warnungen vor dem großen Einfluss des Internets auf die Musikindustrie gab, war die Branche zu träge, um schnell zu reagieren. Vielleicht wogen sich die etablierten Unternehmen auch in der Sicherheit, wie bei den vorangegangenen Systembrüchen von der Schallplatte zur Kassette und dann zur CD wieder als Gewinner hervorzugehen. Doch diesmal versäumten sie es, die neuen Chancen zu nutzen und mussten lukrative Teile ihres angestammten Geschäfts an branchenfremde Internetfirmen abgeben.

Das liegt daran, dass sich Disruption nicht linear aus der Weiterentwicklung bestehender Technologien ergibt. Ihr

Auslöser liegt meist abseits des geradlinigen und damit leicht erkennbaren Wegs. Sie liegt vielmehr in Entwicklungen, die zunächst nichts mit dem angestammten Geschäft zu tun haben, und bei denen erst zu einem späteren Zeitpunkt ein Zusammenhang hergestellt werden kann. Das Internet ist unabhängig von der Musikindustrie entstanden. Erst später erkannte man die Vorteile, die ein digitales Vertriebsmedium auch für Musikprodukte bietet.

Um technologische Umbrüche frühzeitig zu erkennen, ist es wichtig, nicht nur den geraden Weg zu betrachten, sondern auch andere, insbesondere neue Technologien auf ihren möglichen Einfluss hin zu analysieren und ihre Entwicklung zu beobachten. Die zunehmende Umwandlung von analogen Signalen in digitale Daten sowie neue Methoden der Datenkompression und -speicherung ließen erwarten, dass auch Tonsignale irgendwann digitalisiert und gespeichert werden, dass die analoge Schallplatte irgendwann durch einen digitalen Tonträger ersetzt wird.

In etablierten Industrien ist die beständige Weiterentwicklung des bestehenden Geschäfts ein wichtiger Erfolgsfaktor. Dies betrifft nicht nur die angebotenen Produkte und Dienstleistungen, sondern auch alle dahinter liegenden Produktionsprozesse und Lieferketten. Oft entscheidet der Preis über Erfolg oder Misserfolg eines Produkts und die Herstellkosten über die Profitabilität eines Unternehmens. Entsprechend viel Aufwand wird in die Optimierung des laufenden Geschäfts gesteckt. Je zuverlässiger und gleichmäßiger der Betrieb läuft, desto erfolgreicher ist das Unternehmen.

So wichtig das bestehende Geschäft für ein Unternehmen ist, so gefährlich sind disruptive Veränderungen, die nicht in die bestehende Organisation passen. Das frühzeitige Erkennen von Disruptionen ist daher immens wichtig, womit wir wieder beim Blick in die Zukunft wären. Und auch Resilienz ist wieder vorteilhaft, um nicht durch Umbrüche fundamental bedroht zu werden. Im besten Fall entdeckt man ein Disruptionspotenzial zuerst und setzt sich selbst an die Speerspitze der Entwicklung.

Im Oktober 1997 erweitert Daimler-Benz mit der Einführung der A-Klasse sein automobiles Angebot um ein preiswertes Einstiegsmodell für den Massenmarkt. Kurz nach der Markteinführung überschlägt sich das Auto auf einer Testfahrt in Schweden bei einem simulierten Ausweichmanöver, das später den prägnanten Namen *Elchtest* erhält, und landet auf dem Dach.

Für Daimler-Benz ist die Situation katastrophal. Der neue Hoffnungsträger wird gleich bei Einführung der Lächerlichkeit preisgegeben. Anfängliche Versuche, den Vorfall herunterzuspielen, sind erfolglos. Zu groß ist das Medieninteresse. So geht Daimler-Benz in die Offensive, stoppt zunächst die Produktion der A-Klasse und rüstet bei Wiederaufnahme der Auslieferung alle Fahrzeuge dieses Typs mit einem Elektronischen Stabilitätsprogramm, kurz *ESP*, aus. ESP gleicht die Fahrzeugbewegung mit den Lenkbewegungen des Fahrers ab. Erkennt es Abweichungen, etwa wenn auf Eis oder nassen Straßen ein Rad den Kontakt zum Boden verliert, greift es in die Drehbewegungen der einzelnen Räder ein und stabilisiert das Fahrverhalten. Mit ESP besteht die A-Klasse den Elchtest.

Das damals neue und innovative Produkt ESP ist erst zwei Jahre zuvor in der Luxusklasse eingeführt worden. Üblicherweise würde es in der Abfolge der Modellwechsel sukzessive in immer günstigere Fahrzeugklassen wandern, um Jahre später auch in einfachen Fahrzeugen zunächst als Sonderausstattung angeboten zu werden. Dieser normale Ablauf wird nun komplett übersprungen. ESP ist in der Kompaktklasse angekommen, andere Hersteller müssen nachziehen. In der Europäischen Union ist ESP seit 2011 sogar Pflichtausstattung für alle neuen Fahrzeugmodelle.

Auch ohne das Drama um den Elchtest wäre ESP

sicherlich ein erfolgreiches Produkt geworden, doch hätte die Verbreitung deutlich länger gedauert. So überraschend kann der Verlauf technischer Entwicklungen sein. Alle Produktions- und Investitionspläne, Marketing- und Preisstrategien, die vor diesem Vorfall existierten, mussten innerhalb kürzester Zeit umgeschrieben werden. Sicherlich hat Daimler-Benz mit der A-Klasse zunächst weniger Geld verdient als ursprünglich geplant. Dafür profitierte der damalige Lieferant des Elektronischen Stabilitätsprogramms, die Robert Bosch GmbH, von der hohen Nachfrage, auch wenn die schnelle Ausweitung der Produktion eine große Herausforderung gewesen ist.

Grundlegende technische Entwicklungen und insbesondere technische Disruptionen verlaufen nicht selten turbulent. Unvorhergesehene Ereignisse können Auslöser für dramatische Entwicklungen sein. Sie können zum Abbruch eines Projekts führen, aber auch, wie im Fall der A-Klasse, den Durchbruch einer Technologie beschleunigen. Ob und wann so etwas geschieht, ist nicht planbar. Innovation und Risiko sind untrennbar miteinander verbunden.

# WIE SCHNELL VERÄNDERT SICH DIE WELT?

I n Vorträgen über die Zukunft hört man immer wieder, dass wir in einem exponentiellen Zeitalter leben. Es fänden nicht nur vielfältige Veränderungen statt, auch die Geschwindigkeit der Veränderungen nehme ständig zu. Das klingt irgendwie dramatisch. Aber was bedeutet exponentielles Wachstum eigentlich?

Sie kennen sicher das Märchen, in dem ein Bauer den König im Schach besiegt und sich als Preis Reis wünscht. Der König soll ein Schachbrett nehmen, auf das erste Feld ein Reiskorn legen und auf jedem weiteren Feld die Anzahl verdoppeln. Auf dem zweiten Feld liegen dann zwei Reiskörner, auf dem dritten vier, dann acht, sechzehn und immer so weiter. Diese Verdoppelung stellt eine exponentielle Zunahme der Anzahl Reiskörner dar. Der König freut sich zunächst über die vermeintliche Bescheidenheit des Bauern, scheitert dann aber daran, die gewünschte Menge Reis herbeizuschaffen.

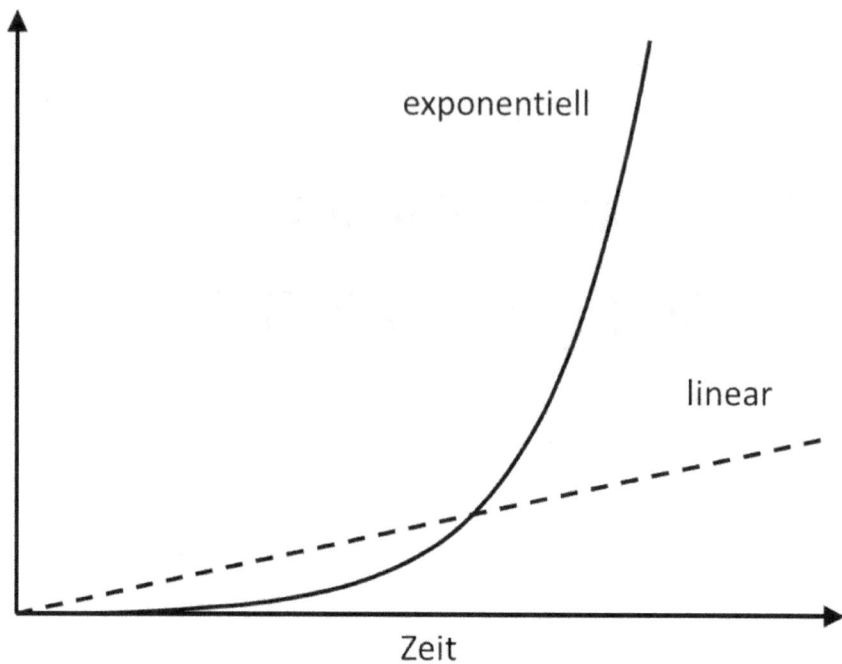

Auch wenn die ersten Felder des Schachbretts noch relativ leer sind, nimmt die Anzahl der Reiskörner aufgrund der exponentiellen Steigerung rapide zu. Bereits auf dem zehnten Feld wird es schwierig, alle 512 Körner zu stapeln. Auf dem siebzehnten Feld müssten wir bereits ein ganzes Kilo Reis unterbringen. Das 33. Feld würde wahrscheinlich unter der Last von rund 100 Kilogramm zusammenbrechen. Auf dem letzten Feld schließlich lägen über neun Trillionen Reiskörner, eine 9 mit 18 Nullen! Vom Reis des letzten Felds könnte jeder der acht Milliarden Menschen auf dieser Welt 79 Jahre lang täglich ein ganzes Kilo Reis essen. Der Hunger wäre besiegt!

Die gewaltigen Zahlen, die eine exponentielle Kurve mit sich bringt, entziehen sich unserer Vorstellungskraft. Und wenn man sich mit ihnen auseinandersetzt und sie zu verstehen versucht, wirken sie umso bedrohlicher. Entsprechend fallen auch die Warnungen aus: Wenn wir nicht sofort handeln, wird es zu spät sein. Das exponentielle Wachstum wird unkontrollierbar!

Nehmen wir als weiteres Beispiel die Ausbreitung einer Virusinfektion wie der Grippe, wie sie jedes Jahr in den Wintermonaten auftritt. Die Grippe ist bereits ansteckend, bevor die ersten Symptome auftreten. Menschen können auch Viren in sich tragen, ohne irgendwelche Symptome zu zeigen. Auf diese Weise überträgt sich die Krankheit leicht von Mensch zu Mensch. Gönnen Sie mir bitte im Folgenden die vielen Vereinfachungen. Es soll nicht um wissenschaftliche Korrektheit gehen, sondern um das Verständnis der Mechanismen und Zusammenhänge.

Nehmen wir analog zu unserem Schachbrett an, dass die erste infizierte Person drei weitere Personen ansteckt, die wiederum jeweils drei Kontakte infizieren und so weiter. Auch hier beginnen die Zahlen klein: 1, 3, 9, 27, …, wobei die Zahlen die jeweils neu infizierten Personen angeben. Wollen wir die Gesamtanzahl aller Personen wissen, die sich in der aktuellen Grippewelle angesteckt haben, so müssen wir die Zahlen aufsummieren: 1, 4, 13, 40, … . Wie beim Reis auf dem Schachbrett, führt uns die Fortsetzung der Reihe bald in immense Größenordnungen. Nach dem zwölften Durchgang ist eine Stadt in der Größe Frankfurts komplett infiziert, nach dem sechzehnten Zyklus ein Land wie Deutschland, und nach 21 Wiederholungen haben sich doppelt so viele Menschen infiziert, wie auf der ganzen Welt leben.

Sie merken schon, an der Rechnung kann etwas nicht stimmen, es gibt eine Obergrenze. Es können sich nicht mehr Menschen anstecken, als auf der Welt leben. Bestimmt haben Sie auch den Fehler gefunden. Zu Beginn einer Grippewelle ist jede Kontaktperson noch empfänglich für das Virus, so dass jeder Virenträger leicht drei weitere Personen anstecken kann. Je mehr Menschen sich aber bereits infiziert haben und nun gegen das Virus immun sind, desto weniger empfängliche Kontaktpersonen findet das Virus. Die Ansteckungsrate von ursprünglich drei Personen wird allmählich kleiner, das exponentielle Wachstum flacht ab. Spätestens dann, wenn sich alle Menschen infiziert haben, ist die Grippewelle vorbei.

In der Realität sehen wir also durchaus exponentielles Wachstum. Allerdings gibt es für alle Veränderungen Sättigungsgrenzen. Korrekter wäre es daher, von Phasen exponentiellen Wachstums zu sprechen und die dahinter liegenden Mechanismen und Grenzen zu untersuchen. Diese sind nicht immer so offensichtlich wie in den beiden bisher angeführten Beispielen.

Werfen wir einen Blick auf das Thema *Big Data*. In den vergangenen und wohl auch in den kommenden Jahren wurden und werden immer mehr Daten erzeugt, versendet, gespeichert und ausgewertet. Statistiken zeigen für alle wesentlichen Aspekte ein stetiges exponentielles Wachstum. Im Gegensatz zu den bisher genannten Beispielen gibt es nicht nur einen Mechanismus für diese Zunahme. Es sind viele.

Zum einen nimmt die Zahl der Datenquellen zu. War die Datenerfassung ursprünglich eine manuelle Tätigkeit, so ist sie heute weitgehend automatisiert. Sensoren messen ihre Werte, ohne dass der Mensch eingreifen muss. Damit ist man nicht mehr auf punktuelle Meldungen angewiesen. Die Daten können in immer kürzeren Zeitabständen erfasst werden. Die Automatisierung der Ablesung ermöglicht zudem den Einsatz von immer mehr Sensoren. Diese sind oft direkt mit dem Internet verbunden und können ihre Daten schnell und in Echtzeit übermitteln. Auch die Datenmenge pro Sensor nimmt zu. Denken Sie zum Beispiel an die steigende Auflösung, die Pixeldichte, digitaler Kameras.

Regelmäßig entstehen neue technische Lösungen zur Messung bisher nicht zugänglicher Eigenschaften. Und immer mehr Geräte sind mit einer Vielzahl von Sensoren ausgestattet. In einem Auto sind heute rund 100 Sensoren verbaut und auf dem Weg zum autonomen Fahren werden weitere hinzukommen. Ein Smartphone hat neben Mikrofon und

Kameras noch GPS- und Fingerabdrucksensor. Weitere Sensoren prüfen das Umgebungslicht, die Beschleunigung und die Drehung des Geräts, um nur einige zu nennen. In Zukunft werden nicht nur neue Sensoren integriert werden. Auch die zunehmende Verbreitung von Smartphones war ein Treiber des exponentiellen Datenwachstums.

Hier zeigt sich aber auch die Komplexität. Der Markt für Smartphones ist bereits gesättigt. Bestehende Smartphones werden zwar nach einigen Jahren durch neue ersetzt. Aber das exponentielle Wachstum ist längst vorbei. Dafür gibt es inzwischen Smartwatches, die auch Puls und Bewegungsmuster des Trägers aufzeichnen, und in wenigen Jahren werden Headsets für die virtuelle Realität zu einem Massenmarkt. So lösen sich verschiedene Treiber ab, das exponentielle Wachstum von Big Data geht weiter.

Das Datenwachstum hat aber noch einen weiteren Hintergrund: die *künstliche Intelligenz (KI)*. Eine Stärke der künstlichen Intelligenz ist die Mustererkennung in großen Datenmengen. Während der Mensch an großen Datenvolumen verzweifelt, erkennt die KI wiederkehrende Muster und Zusammenhänge, die zu einem tieferen Verständnis führen können. Sie begegnen dem Mechanismus etwa, wenn Sie Ihrem Smartphone oder Home Assistent einen Sprachbefehl geben. Damit das Gerät versteht, was Sie ihm sagen wollen, wurde eine künstliche Intelligenz darauf trainiert, gesprochene Sprache zu verstehen. Das ist ein langwieriger Prozess, bei dem unzählige Sprachbeispiele mit den unterschiedlichsten Aussprachen, Betonungen und Dialekten der KI als Lernmaterial dienen, anhand derer sie die Muster der einzelnen Wörter lernt. Eine Menge Daten also.

In der Hoffnung, dass eine KI interessante Erkenntnisse liefern könnte, werden möglichst viele Daten aller Art generiert und dann geschaut, ob sich daraus nützliche Informationen gewinnen lassen. Auch dies ist ein wesentlicher Treiber von Big Data.

Weniger offensichtlich sind die damit verbundenen Nachteile. Das Sammeln, Übertragen und Speichern von Daten verbraucht Energie, Bandbreite und Speicherplatz und verursacht damit immer höhere Kosten. Denn um mit den Daten später etwas anfangen zu können, müssen sie mit vielen Zusatzinformationen abgelegt werden: Was bedeutet der Datenpunkt? Woher kommt er? Wann wurde er gemessen? In welchem Datenformat liegt er vor? Und so weiter.

Man schätzt, dass über 90 Prozent der gesammelten Daten später gar nicht genutzt werden. Sie verbleiben in den Speichern großer Rechenzentren und verursachen Kosten. Dafür hat sich der Begriff *Dark Data* etabliert. Das ist vergleichbar mit den vielen Dateien auf Ihrem PC, die sich im Lauf der Jahre angesammelt haben: Fotos, Textdokumente, E-Mails, Spieledateien und nicht mehr genutzte Programme, von denen Sie wahrscheinlich gar nicht mehr wissen, dass sie noch irgendwo auf Ihrem Rechner gespeichert sind. Inzwischen sehen wir an verschiedenen Stellen ein erstes Umdenken, sich wieder auf weniger, aber dafür entscheidende Daten zu konzentrieren und alte Datenbestände konsequent auszudünnen. Dieser Perspektivenwechsel könnte das exponentielle Wachstum abflachen lassen. Wir werden sehen.

Das Gefühl, heute verändert sich die Welt schneller als früher, ist übrigens nicht neu. Versuchen Sie sich vorzustellen, wie im siebten Jahrtausend v. Chr. die Erfindung der Schrift eine Explosion von Neuerungen ermöglichte, Handel und Staatswesen revolutionierte und Wissen dokumentierbar, reproduzierbar und damit schneller verbreitbar machte. Denken Sie an die Nutzbarmachung der Elektrizität, von der Glühbirne im Jahr 1880 über Haushaltsgeräte bis hin zu elektrischen Maschinen. Alles Dinge, die uns heute selbstverständlich erscheinen. Wenn Sie in alten Büchern über die (damalige) Zukunft stöbern, werden Sie wieder auf die bekannte Kurve des exponentiellen Wachstums stoßen, bezogen auf die Zunahme des Wissens. Meist stoßen Sie dann auch auf die Frage, ob der exponentielle Verlauf unbeirrt weitergeht oder irgendwann abflacht.

Das heutige Gefühl einer immer schnelleren Entwicklung hat auch mit der Fülle von Informationen zu tun, denen wir täglich ausgesetzt sind. Allein die Menge und Häufigkeit der Nachrichten vermittelt den Eindruck eines schnellen Fortschritts. Rückblickend haben wir immer wieder Zeiten exponentiellen Wandels erlebt, die sich mit ruhigeren Phasen abwechselten.

Der Wirtschaftswissenschaftler Nikolai Kondratjew veröffentlichte 1926 sein Modell der langen Konjunkturwellen, heute als Kondratjew-Zyklen bekannt. Darin beschrieb er die Entwicklung der Weltkonjunktur als von Innovationen ausgelösten wellenförmigen Bewegungen. Erinnern Sie sich zurück an das bereits beschriebene Diffusionsmodell von Rogers. Es beschreibt die Ausbreitung einer einzelnen Innovation. Sie beginnt im Kleinen, gewinnt nach einiger Zeit an Dynamik und breitet sich in der Gesellschaft aus. Ist ein hoher Durchdringungsgrad erreicht, flacht die Ausbreitung ab und geht in eine Sättigung über.

Auf diese Weise entstehen auch die Kondratjew-Zyklen. Allerdings betrachtet Kondratjew nicht einzelne Innovationen, sondern die Wirtschaft als Ganzes. Treibende Faktoren sind grundlegende technologische Durchbrüche, die zu einem dynamischen wirtschaftlichen Aufschwung führen, deren Dynamik aber nachlässt, sobald die großen Veränderungen stattgefunden haben und die noch erschließbaren Potenziale geringer werden.

So ist der erste Kondratjew-Zyklus in der Zeit von 1780 bis 1840 durch die Erfindung der Dampfmaschine geprägt, die zur Mechanisierung der Arbeit und zur Industrialisierung führt. Von etwa 1840 bis 1890 folgt der Zyklus der Eisenbahn, der Dampfschiffe und der industriellen Stahlverarbeitung.

Die Elektrotechnik ist die treibende Kraft in den Jahren 1890 bis 1940, Automobil und die Petrochemie sind es bis 1990. Der aktuelle Zyklus wird von der Informations- und Kommunikationstechnik getrieben. Glaubt man dem Wellenmodell, so wird auch dieser Zyklus zu Ende gehen, bevor ein nächster beginnt. Und jeder Zyklus startet mit einer Phase exponentiellen Wachstums, bevor in seinem Verlauf die Dynamik nachlässt.

Lassen Sie sich nicht von der Fokussierung auf Durchbruchstechnologien täuschen. Wie im Diffusionsmodell von Rogers ist die Technologie nur der Auslöser einer gesellschaftlichen Entwicklung. Die neuen technischen Möglichkeiten verändern die Gesellschaft und damit die Art und Weise, wie Menschen leben, arbeiten und miteinander umgehen. Neue Regeln und Gesetze entstehen, alte werden angepasst oder (viel zu selten) ganz abgeschafft. Neue Gewinner treiben den Wandel voran, Verlierer bremsen ihn. All das braucht Zeit. Und auch wenn es im Detail von Zyklus zu Zyklus unterschiedlich verläuft und die technischen Auslöser andere sind, die generellen Veränderungen sind dieselben.

Auf der Flughöhe der Kondratjew-Zyklen verändert sich die Welt in Wellen von rund 50 Jahren. Die jetzige Welle würde demnach bis 2040 andauern und wir werden bald ein Abflauen der heutigen Treiber sehen. Es gibt auch schon Vermutungen für die nächsten Durchbrüche, etwa die Biotechnologie, die Nanotechnologie oder die künstliche Intelligenz. Auch Durchbrüche im Gesundheitswesen oder in der Energieerzeugung sind Kandidaten. Wie wäre es mit dem *Metaverse*, also der virtuellen Abbildung der Welt bzw. einer alternativen Parallelwelt, oder der Raumfahrt? Es bleibt spannend.

Ich habe Ihnen jetzt das Gefühl vermittelt, dass die Zukunft in einigermaßen geordneten Bahnen verläuft. Auch wenn es immer wieder Überraschungen gibt, bleibt die grundsätzliche Entwicklung intakt. Immerhin lagen innerhalb der beschriebenen Kondratjew-Zyklen zwei Weltkriege, mehrere gesellschaftliche Umbrüche und verschiedene Naturkatastrophen. Ich möchte dieses Bild nun etwas relativieren. Denn je genauer wir die einzelnen Entwicklungen betrachten, desto komplexer und unvorhersehbarer werden die Verläufe. Einzelereignisse gewinnen an Bedeutung. Es zeigen sich Wechselwirkungen und Abhängigkeiten, die selbst im Rückblick oft schwer zu erkennen sind. Manchmal hilft der Blick in die Vergangenheit, die Unwägbarkeiten der Zukunft besser einzuschätzen.

# GESCHICHTE DER KÜNSTLICHEN INTELLIGENZ

Im Sommer des Jahres 1956 treffen sich führende Wissenschaftler zu einem sechswöchigen Workshop am Dartmouth College in Hanover, USA, mit dem Titel Dartmouth Summer Research Project on Artificial Intelligence. Dieses Treffen gilt heute als der Beginn der akademischen Forschung im Bereich der künstlichen Intelligenz.

Die Vorstellung, dass Maschinen eines Tages zu intelligentem Verhalten fähig sein könnten, ist jedoch viel älter. In der griechischen Mythologie wird *Talos* als eine riesige, zum Leben erweckte Bronzefigur beschrieben. Aristoteles beschäftigt sich etwa 350 Jahre vor Christus mit den logischen Prinzipien des menschlichen Denkens, auch wenn er wohl noch nicht daran denkt, seine Erkenntnisse auf eine Maschine zu übertragen. Bekannt sind Aussagen des Philosophen und Naturwissenschaftlers René Descartes, der bereits 1637 davon überzeugt ist, dass Maschinen in ferner Zukunft intelligent handeln könnten. Eine Vorstellung, die er mit vielen seiner Zeitgenossen teilt. Julien Offray de La Mettrie beschäftigt sich in seinem 1748 veröffentlichten Werk *L'Homme Machine* mit einer Maschine, die menschliches intelligentes Verhalten zeigt.

Damals scheint klar: Wenn man nur genau genug wüsste, wie das menschliche Gehirn funktioniert, könnte man es auch mit einer Maschine nachbilden.

Der damalige Zeitgeist ist fasziniert von der Idee menschenähnlicher Maschinen. Davon zeugt etwa der erste Schachroboter, ein im Jahr 1769 vom österreichisch-ungarischen Mechaniker Wolfgang von Kempelen gebauter Apparat, der öffentlich Schach spielt. Dass im Innern der Konstruktion ein Mensch die Bewegungen einer mechanischen Puppe steuert, kann lange geheim gehalten werden. Romane wie Mary Shelleys *Frankenstein* (1818) bis hin zu Karel Capeks *Rossum´s Universal Robots* (1920), in denen Roboter am Ende die Menschheit vernichten, beschäftigen sich mit den Phantasien menschengemachter denkender Wesen.

Mit dem Aufkommen des Films erhält die Begeisterung für menschliche Maschinen einen starken Impuls. Der Maschinenmensch Maria aus *Metropolis* (1927) oder der Zinnmann aus *Der Zauberer von Oz* (1939) inspirieren eine ganze Generation von Wissenschaftlern. Isaak Asimov formuliert 1942 in einer seiner Kurzgeschichten die *Drei Robotergesetze*, denen Roboter gehorchen müssen, um nicht zu einer Bedrohung der Menschen zu werden.

Wenn wir über künstliche Intelligenz sprechen, meinen wir üblicherweise die Technologie. Da sich eine Technologie immer in Wechselwirkung mit der Gesellschaft entwickelt, ist ein Verständnis des gesellschaftlichen Umfelds wichtig. Und wie gerade beschrieben, finden die ersten Entwicklungsschritte der künstlichen Intelligenz in den Köpfen der Menschen statt, bevor die technischen Möglichkeiten eine Umsetzung in die Realität erlauben.

Aber auch die technologische Entwicklung hat frühe Vorläufer. Beginnen wir vielleicht mit dem Jahr 1832, in dem Charles Babbage seine *Analytical Engine* entwirft, die erste universelle Rechenmaschine, die letztlich aber nie gebaut wird. Sie sollte übrigens von einer Dampfmaschine angetrieben werden. Die Steuerung sowie Ein- und Ausgabe der Informationen sollten über Lochkarten erfolgen, die bereits 1801 zur flexiblen Steuerung von Webstühlen verwendet werden. Ada Lovelace schreibt für diese nie gebaute Maschine das, was wir heute ein Computerprogramm nennen würden, und geht damit als erste Programmiererin in die Geschichte ein. Aber erst 1941 gelingt es Konrad Zuse, mit der *Z3* eine wirklich funktionierende, programmierbare Rechenmaschine zu bauen.

Parallel zu den Maschinen verändert sich auch die Denkweise der Wissenschaft und die Art und Weise, Probleme strukturiert zu lösen. Wir alle kennen aus der Schule die *Boole´sche Algebra*, benannt nach George Boole, der damit im Jahr 1854 eine wichtige Grundlage für die heutige Computerlogik schafft, die in den folgenden Jahrzehnten ständig weiterentwickelt wird. Alan Turing gelingt 1936 der theoretische Beweis, dass jedes Problem, das sich durch einen Algorithmus beschreiben lässt, von einer Maschine gelöst werden kann. Dazu entwickelt er das Konzept einer universellen Rechenmaschine, die heute als *Turing-Maschine* bekannt ist. Der Gedanke, man muss nur die Funktionsweise des Gehirns verstehen, um es dann auf eine Maschine zu übertragen, erhält neue Nahrung.

Im Jahr 1943 beschreiben der Neurophysiologe Warren McCulloch und der Logiker Walter Pitts die Funktionsweise des Gehirns als ein Netzwerk von Neuronen, die sich gegenseitig gezielt stimulieren. Sie entwickelten damit das erste Modell eines neuronalen Netzes, das eine wesentliche Grundlage der künstlichen Intelligenz nach heutigem Verständnis darstellt. Es dauert noch eine ganze Weile, bis 1949 an der Universität Manchester mit dem *Mark 1* der erste ausreichend leistungsfähige Computer gebaut wird. Den Durchbruch bringt die Verwendung von Kathodenstrahlröhren als Arbeitsspeicher, wodurch erstmals Informationen schnell gespeichert und wieder ausgelesen werden können. 1951 gelingt Marvin Minsky mit dem Computer *Snarc* zudem der Aufbau eines ersten funktionierenden neuronalen Netzes.

Alle Voraussetzungen für ein maschinelles Gehirn scheinen nun gegeben. Es stellt sich aber die Frage: Woran erkennt man, ob ein Computer wirklich zu menschlicher Intelligenz fähig ist? Auch dazu hat Alan Turing eine pragmatische Idee. Ein Mensch soll seinem nicht sichtbaren Gegenüber schriftliche Fragen stellen. Wenn er aus den gegebenen Antworten nicht erkennen kann, ob es sich um einen Menschen oder eine Maschine handelt, dann muss die Maschine als intelligent bezeichnet werden.

Springen wir nun zurück in das Jahr 1956 zu der bereits erwähnten Konferenz in Dartmouth. Der Begriff der künstlichen Intelligenz fällt also nicht spontan vom Himmel, sondern entwickelt sich aus einer langen Vorgeschichte der Auseinandersetzung mit der Fragestellung, ob Intelligenz an einen fleischlichen Körper gebunden ist oder auch auf eine Maschine übertragen werden kann. Um es vorwegzunehmen: Diese Frage ist bis heute unbeantwortet. Aber dazu später mehr.

Die Teilnehmer der Dartmouth-Konferenz sind sich einig, dass maschinelle Intelligenz möglich ist. Es ist aber völlig unklar, wie sie erreicht werden kann. Das ändert sich auch im Verlauf der Konferenz nicht, sie bleibt ohne große Durchbrüche. Selbst die Präsentation eines ersten Computerprogramms, das so etwas wie Intelligenz simuliert, findet bei den Teilnehmern keine große Beachtung. Doch der Hype hat begonnen. An mehreren amerikanischen Universitäten entstehen Forschungszentren für künstliche Intelligenz. Mit *LISP* gibt es eine für KI-Anwendungen geeignete Programmiersprache und mit *ELIZA* entsteht 1966 das erste Programm, das sich mit Menschen unterhalten kann, also der erste *Chatbot*.

Die US-Regierung fördert die Entwicklung mit erheblichen Forschungsgeldern. Hintergrund ist unter anderem der Start des ersten sowjetischen Satelliten *Sputnik 1* im Jahr 1957, den die US- Regierung als Zeichen ihrer militärischen Verwundbarkeit interpretiert. Mit Hilfe künstlicher Intelligenz will man unter anderem russischsprachige wissenschaftliche Publikationen automatisiert ins Englische übersetzen, um schneller auf Entwicklungen des großen Kontrahenten reagieren zu können.

Die Hoffnungen in die künstliche Intelligenz sind zu der Zeit enorm. Kurz nach der Dartmouth-Konferenz erwartet der spätere Wirtschaftsnobelpreisträger Herbert Simon, dass ein Computer innerhalb von zehn Jahren, also spätestens im Jahr 1966, Schachweltmeister wird. Man arbeitet an einem *Allgemeinen Problemlöser*, also einem einzelnen Programm mit der Fähigkeit, beliebige Probleme zu lösen. Auch die Leistungsfähigkeit der Computertechnik nimmt stetig zu. Noch 1970 erwartet der KI-Forscher Marvin Minsky eine Maschine mit menschenähnlicher Intelligenz in den kommenden drei bis acht Jahren.

Die großen Durchbrüche bleiben jedoch aus. Es soll noch bis ins Jahr 1997 dauern, bevor ein Computer einen Schachweltmeister besiegt. Und auch die Entwicklung des Allgemeinen Problemlösers wird nach zehn Jahren wieder eingestellt. Auf die Maschine mit menschenähnlicher Intelligenz warten wir noch immer.

Dennoch werden zu der Zeit einige grundlegende Fähigkeiten entwickelt, wie das Lösen algebraischer Gleichungen oder regelbasierte Systeme, so genannte Expertensysteme: Computern werden die Regeln eines bestimmten Fachgebiets beigebracht, auf deren Grundlage sie dann ohne weitere Hilfe Probleme lösen können. Auch ein erster autonomer Roboter wird entwickelt, der mittels Kameras und einfachem Greifarm Bauklötze greifen und an einen anderen Ort bringen kann. Auch wenn er noch sehr wackelig hantiert, kann er bereits seine räumliche Umgebung verstehen und selbstständig seine Bewegungen festlegen.

In dieser Zeit werden verschiedene Ansätze parallel erprobt. Die eine Gruppe von Wissenschaftlern vertritt den Ansatz, einem Computer intelligentes Verhalten durch das Erlernen von

Regeln beizubringen. Das andere Lager will Computer wie die Neuronen im Gehirn arbeiten lassen. Intelligenz würde dann automatisch entstehen. Was beiden Gruppen fehlt, ist eine ausreichend leistungsfähige Technik. Denn die Übertragung kleiner Experimente auf reale Anwendungsfälle erfordert den Zugriff auf riesige Informationsmengen und deren schnelle Verarbeitung. Beides ist zu der damaligen Zeit noch nicht möglich.

Die Phase von 1956 bis 1973 wird heute als der erste KI-Sommer bezeichnet, der anschließend in den ersten Winter übergeht. Da die erzielten Ergebnisse nicht den überaus hohen Erwartungen an die künstliche Intelligenz entsprechen, lassen die Finanzierung, das öffentliche Interesse und infolgedessen auch die Aktivitäten nach. KI-Forschung findet nur noch im akademischen Bereich statt. Waren die Erwartungen an die künstliche Intelligenz bisher dramatisch überzogen, so kehren sie sich nun ins Gegenteil um. Es wird befürchtet, dass Maschinen niemals in der Lage sein werden, auch nur einfache „kluge" Entscheidungen zu treffen. Auch das Interesse der Industrie erlahmt. Die KI-Forschung zieht sich in die Universitäten zurück.

Aber auch in dieser Zeit finden grundlegende Weiterentwicklungen statt. Es entstehen neue, flexiblere Programmiersprachen wie *C* und *SQL*, die heute noch verwendet werden. Der Finne Seppo Linnainmaa erfindet 1970 mit der sogenannten *Backpropagation* eine Methode, um aus fehlerhaften Ergebnissen neuronaler Netze eine gezielte Anpassung der Struktur abzuleiten, ein bis heute grundlegendes Vorgehen beim Anlernen künstlicher Intelligenz.

Anstelle der Suche nach einer allgemeinen, universell einsetzbaren künstlichen Intelligenz rücken zunächst wieder Expertensysteme in den Mittelpunkt, auf ein bestimmtes Fachgebiet beschränkte, regelbasierte Systeme. Auf Grundlage der spezifischen Regeln eines bestimmten Fachgebiets und dem Zugriff auf eine große Wissensbasis leiten Expertensysteme

Antworten auf gestellte Fragen ab. Das Programm *MYCIN* ist zu dieser Zeit bereits in der Lage, Blutinfektionen auf dem Niveau eines Spezialisten zu erkennen und daraus Therapievorschläge abzuleiten. Künstliche Intelligenz hält damit bereits Einzug in die Praxis. Weitere Lösungen in Medizin, Wissenschaft und Technik folgen. Die große Herausforderung bei der Erstellung jedes einzelnen Expertensystems bleiben jedoch die präzise Ableitung der geltenden Regeln, oft mehrere hundert, sowie der Aufbau einer großen digitalen Wissensbasis, auf die das Programm zugreifen kann.

Auch die Computertechnik entwickelt sich weiter. Wurde zwischenzeitlich versucht, spezielle Computer für künstliche Intelligenz zu entwickeln, so werden diese schnell von der dynamischen Weiterentwicklung allgemeiner Computer, wie sie heute auf fast jedem Schreibtisch stehen, überholt. Denn auch diese eignen sich für KI-Anwendungen. Bereits 1965 beschreibt Gordon Moore in dem nach ihm benannten *Mooreschen Gesetz* die Beobachtung, dass sich die Anzahl der Transistoren auf einem Siliziumchip alle zwei Jahre verdoppelt, was zu kontinuierlichen Leistungssteigerungen und Kostensenkungen führt. Das Ende des Winters ist also bereits in Sicht.

Steigende Leistungsfähigkeit und sinkende Kosten führen bald zum Einzug der Computer in die großen Wirtschaftsunternehmen. Computer werden als wichtiger Faktor zur Kostensenkung angesehen. Anfang der 80er Jahre fließen große Summen in die Einführung und den Ausbau von EDV-Systemen. Und auch die technische Weiterentwicklung wird vorangetrieben. Neue Programmiersprachen und Techniken zur Datenverwaltung und -verarbeitung entstehen. Es dauert nicht lange, bis auch die KI-Expertensysteme erneut das Interesse der Industrie wecken. Als Ende des ersten KI-Winters wird heute die wirtschaftlich erfolgreiche Einführung des ersten Expertensystems in der Industrie angesehen, das 1981 bei der Digital Equipment Corporation zur Konfiguration von Bestellungen eingesetzt wird.

Mit dem Nachweis des wirtschaftlichen Nutzens von künstlicher Intelligenz beginnt ein neuer Hype. Zum einen fahren weltweit Regierungen ihre Förderprogramme für KI wieder hoch. Japan startet ein langfristiges Projekt zum Aufbau von KI-Spitzenforschung, die USA ziehen sehr schnell mit einem eigenen Programm nach. Zum anderen entstehen unzählige Unternehmen, die KI-Lösungen für unterschiedlichste Anwendungsfelder entwickeln.

Aber auch dieses Mal kommt es, wie es kommen muss: Die Entwicklung geeigneter Expertensysteme erweist sich in vielen Fällen als zu schwierig oder zu aufwändig. Die entstehenden Lösungen sind oft nicht gut genug, der Nutzen zu gering. Die hohen Erwartungen können wieder einmal nicht erfüllt werden. Viele der entstehenden KI-Unternehmen verschwinden bald wieder vom Markt. Bereits 1984 ist der Hype vorbei. Doch für einige Anwendungen hat sich die künstliche Intelligenz etabliert und verschwindet von dort auch nicht mehr.

Ernüchtert von den Expertensystemen rücken die neuronalen Netze wieder in den Vordergrund. Während Expertensysteme die Schwierigkeit haben, alle Regeln des zu betrachtenden Systems kennen zu müssen, können sich neuronale Netze analog zum Gehirn diese Regeln durch einen Lernprozess selbst erschließen. Ein wichtiges Element ist dabei die bereits erwähnte Backpropagation, die einen systematischen Optimierungsprozess ermöglicht und das Lernen der KI deutlich beschleunigt.

Ein erster Erfolg ist das Programm *NETtalk*, das sich 1986 anhand von geschriebenen und gesprochenen Beispielsätzen selbst das Sprechen beibringt und danach auch neue, ihm vorher unbekannte Sätze korrekt bilden und sprechen kann. Es erkennt also in Beispielen Muster in Satzbildung und Aussprache und kann das Gelernte auf neue Situationen anwenden. Stellen Sie sich das wie bei einem kleinen Kind vor, das keinerlei Kenntnis über die Grammatik einer Sprache hat, aber durch Zuhören, Ausprobieren und die Erfahrung, richtig oder falsch verstanden zu werden, bald ganz passabel und mit der Zeit immer besser sprechen kann.

Zudem setzt ein Wandel ein. Geht man bisher davon aus, dass neuronale Netze durch den Lernprozess die grundlegenden Regeln eines Systems verstehen müssen, so stellt man 1988 fest, dass ein Lernen über reine Wahrscheinlichkeiten zu besseren Resultaten führt. Lernschritte, die zu guten Ergebnissen führen, sind besser als solche mit schlechten Ergebnissen, unabhängig von den Regeln des Themas. Auch das Kleinkind, das Sprechen lernt, lernt nicht zuerst die Grammatik der Sprache.

Anstelle der Regeln eines Systems werden die Menge und die Qualität der Trainingsdaten zum Erfolgsfaktor. Werden heute neuronale Netze beispielsweise auf die Erkennung von Katzen mit schwarzen Ohren trainiert, so können innerhalb kürzester Zeit unzählige Bilder von Katzen mit schwarzen Ohren im Internet gefunden und zum Anlernen verwendet werden. In den 1980er Jahren ist dies noch ein mühsamer Prozess. Je exotischer die Herausforderung ist, desto aufwändiger oder gar unmöglich ist die Erstellung der Trainingsdaten. Zudem ist die Computertechnik weit weniger leistungsfähig als heute, was die mögliche Komplexität neuronaler Netze und damit ihre Einsatzmöglichkeiten stark einschränkt.

Obwohl neuronale Netze in verschiedenen Anwendungen Fortschritte machen, bleibt die kommerzielle Nutzung weitgehend aus. Die öffentliche Aufmerksamkeit lässt nach. Die Gelder werden knapper. Künstliche Intelligenz wird wieder ausschließlich an Universitäten und einigen Forschungseinrichtungen erforscht, dort allerdings ohne den hohen Erwartungsdruck von Geldgebern und Öffentlichkeit. Es werden neue Ansätze ausprobiert und bestehende systematisch weiterentwickelt. Sind die Fortschritte zwar langsam, so sind sie doch stetig und erstrecken sich über die verschiedensten Bereiche künstlicher Intelligenz wie fallbasiertes Denken,

Sprachübersetzung, Objekterkennung und nicht zuletzt die Lernalgorithmen selbst.

Und die Zeit arbeitet für die KI. Einerseits entwickelt sich die Computertechnologie ständig weiter. Andererseits entsteht mit dem Internet eine immer größer werdende digitale Datenquelle, die durch Computer zum Training von KI-Anwendungen genutzt werden kann. Der Durchbruch gelingt 1997: *Deep Blue*, ein von IBM entwickelter Schachcomputer, besiegt in einem medienwirksam inszenierten Turnier den damals amtierenden Schachweltmeister Garry Kasparov und rückt die künstliche Intelligenz schlagartig wieder in das öffentliche Interesse. Das vorherrschende Weltbild, Schach sei eine Domäne menschlicher Intelligenz, wird grundlegend erschüttert.

Auch wenn dieses Ereignis der künstlichen Intelligenz neue Impulse verleiht, ist der Sieg weniger den KI-Elementen des Computerprogramms als der enormen Rechenleistung von Deep Blue zu verdanken, die jeden möglichen Schachzug mit seinen verschiedenen Reaktionsmöglichkeiten weit vorausberechnet und dann denjenigen mit der höchsten Erfolgswahrscheinlichkeit auswählt.

Aber auch in anderen Bereichen erhält die künstliche Intelligenz neue Aufmerksamkeit. Im selben Jahr wird der *RoboCup* ins Leben gerufen, bei dem Roboter-Fußballmannschaften gegeneinander antreten. Sehen die ersten Versuche noch wackelig und unsicher aus, so werden doch wichtige Grundlagen für das Verstehen der Umgebung, die Navigation und vor allem die Kooperation von Maschinen erarbeitet, von denen die heute immer zahlreicheren Serviceroboter profitieren. Möglicherweise besitzen Sie selbst einen autonomen Staubsauger oder Rasenmäher. Tatsächlich ist der autonome Staubsauger *Roomba* der US-Firma iRobot aus dem Jahr 2002 das erste erfolgreiche KI-Massenprodukt.

Es überrascht nicht, dass auch das Militär großes Interesse an autonomen Robotern hat. Schon iRobot ist aus einem

Unternehmen mit militärischem Hintergrund hervorgegangen. Zu der Zeit entstehen viele mit Militärgeldern finanzierte Start-ups. Die wenigsten sind so sichtbar wie Boston Dynamics, deren Robotervideos im Internet große Begeisterung auslösen, anfangs etwa von *BigDog*, einem autonomen Vierbeiner mit erstaunlicher Beweglichkeit auch in schwierigem Gelände.

Parallel dazu entstehen die sozialen Medien: Facebook, Twitter, Youtube und viele mehr. Mit ihnen häufen sich riesige Datenmengen über Menschen an, die ihre Profile füllen und Spuren ihres Nutzerverhaltens hinterlassen. Wie wir wissen, ist die Verfügbarkeit von Trainingsdaten eine wichtige Grundlage für KI. Andererseits entsteht ein großer Bedarf, diese Daten sinnvoll zu nutzen, daraus Erkenntnisse zu gewinnen, eine bessere Nutzererfahrung zu schaffen und damit die soziale Plattform erfolgreicher zu machen. Aufgrund der schieren Menge kann dies nur noch durch Computer und zunehmend mit Unterstützung von künstlicher Intelligenz umgesetzt werden.

Und ein weiterer Zufall hilft. Im Jahr 2009 stellt sich heraus, dass die ursprünglich für die schnelle Darstellung von komplexen Grafiken und Videos entwickelten Grafikprozessoren viel besser für KI-Algorithmen geeignet sind als die eigentlichen Rechenprozessoren des Computers. Eine Leistungssteigerung um den Faktor 1000 ist möglich. Mit einem Schlag steht der Welt eine ungeahnte Rechenleistung zur Verfügung.

Dann folgt der nächste Coup von IBM: Im Februar 2011 schlägt das KI-Programm *Watson* in der amerikanischen Quizshow *Jeopardy!* zwei der bisherigen menschlichen Sieger haushoch. Vereinfacht gesagt ist Jeopardy! ein umgekehrtes Frage-Antwort-Quiz. Den Spielern wird eine Antwort gegeben, zu der die richtige Frage formuliert werden muss. Die Fragen stammen aus verschiedenen Themenbereichen und unterschiedlichen Schwierigkeitsgraden, aus denen der Kandidat mit der richtigen Lösung das Thema der nächsten Runde auswählt. Watson muss also natürliche Sprache verstehen, Informationen dazu in seinen Datenquellen finden, mögliche Lösungen identifizieren, daraus die beste Lösung auswählen und diese dann als Frage formulieren. Und das alles schneller als seine Mitspieler.

Diese öffentliche Demonstration der Leistungsfähigkeit künstlicher Intelligenz führt zu einem regelrechten Goldrausch in der KI-Forschung. Wurde diese bisher hauptsächlich durch staatliche Fördermittel und Militärbudgets finanziert, übernehmen nun private Unternehmen die Führung. IBM hatte den Anfang gemacht.

Sichtbar wird dies zunächst im Bereich der Sprachassistenten. Apples *Siri* geht noch im selben Jahr an den Start, Microsofts *Cortana* und Amazons *Alexa* folgen 2014 und 2015. Das bereits 2010 gegründete Unternehmen Deep Mind wird 2014 von Google übernommen und macht im März 2016 von sich reden, als Googles KI-Programm *AlphaGo* den damals weltbesten Spieler Lee Sedol im Brettspiel Go besiegt, ein deutlich komplexeres Spiel als Schach.

Die nun beteiligten finanzstarken Unternehmen treiben die Entwicklung künstlicher Intelligenz voran und bringen sie in vielfältige Anwendungen. Hinzu kommen die stetige Weiterentwicklung der Algorithmen, die zunehmende Rechenleistung heutiger Computer sowie die Verfügbarkeit riesiger Datenmengen im Internet, die für das Training der KI genutzt werden können. Parallel dazu wird (wieder einmal) versucht, die Funktionsweise der Neuronen eines Gehirns nicht nur zu simulieren, sondern durch spezielle Computerchips nachzubilden.

Künstliche Intelligenz ist heute allgegenwärtig. Die Spracherkennung unserer Smartphones, die Navigation unserer Routen und die Kaufempfehlungen der Online-Shops nutzen KI. Auf Reisen übersetzt sie für uns die Landessprache oder sie generiert in Echtzeit Untertitel für mehrsprachige Videokonferenzen. IBMs Watson unterstützt Ärzte bei Diagnosen und Banken bei Anlagestrategien. KI erkennt

Unregelmäßigkeiten in Finanzströmen und Maschinenausfälle im Voraus, so dass durch frühzeitiges Eingreifen Probleme rechtzeitig behoben werden können. Wir bearbeiten unsere Fotos mit KI, sie schreibt für uns Geschichten und Musik, sie schafft Kunst, aber auch Fake-Videos. In einigen Ländern der Welt fahren die ersten selbstfahrenden Autos auf öffentlichen Straßen und Maschinen optimieren sich selbsttätig. Künstliche Intelligenz ist in unserem Alltag angekommen.

Blicken wir zurück und fassen zusammen: Als im Jahr 1956 das Dartmouth Summer Research Project den Startschuss für eine künstliche Intelligenz gab, wie wir sie heute verstehen, konnte diese bereits auf einer langen gesellschaftlichen Auseinandersetzung mit menschenähnlichen Maschinen aufbauen. Die Entwicklung war geprägt von dynamischen Fortschritten, die die künstliche Intelligenz auf ein immer höheres technisches Niveau hievten. Es gab aber auch Zeiten langsamen Fortschritts und gefühlten Stillstands, in denen KI nur noch in den Hinterzimmern akademischer Institutionen entwickelt wurde.

Insbesondere die Fortschritte der Computertechnik haben sich auf die künstliche Intelligenz ausgewirkt, durch schnellere Prozessoren und größere Datenspeicher bis hin zum Internet. Der Einzug der Computer in die Unternehmen und später in die Privathaushalte hinein und der damit einhergehende Kostenverfall kamen der KI zugute. Verschiedene Ansätze wurden verfolgt und verworfen, wieder aufgenommen und weiterentwickelt. Immer wieder gab es technische Durchbrüche, die manchmal erst Jahre später genutzt werden konnten. Das politische Umfeld und die verfügbaren Finanzmittel waren zeitweise wichtige Treiber, dann immer wieder auch bremsende Faktoren. Die Entwicklung verlief keineswegs geradlinig.

Künstliche Intelligenz ist ein typisches Beispiel für technologische Entwicklungen in einer komplexen Welt. Ihre Geschichte in allen Facetten kann ganze Bücher füllen.

Doch schon die beschriebene Kurzfassung verdeutlicht: Die vielfältigen Wechselwirkungen und Abhängigkeiten sind schwer vorhersehbar und stecken voller Überraschungen. Und sie zeigen immer wieder die uns gut bekannten Muster.

Bleibt die Frage: Sind heutige Computer bereits intelligent? Intelligenz wird im Allgemeinen als die denkerische Fähigkeit zum Lösen von Problemen definiert. Dabei gibt es keine formale Schwelle, ab der jemand oder etwas als intelligent gilt. Ist die prinzipielle Fähigkeit vorhanden, ist man mehr oder weniger intelligent. In diesem Sinne können wir Programmen wie Watson oder AlphaGo durchaus Intelligenz attestieren. Heutige Chatbots, wie zum Beispiel *ChatGPT*, bestehen den Touring-Test ohne Probleme. Sie bestehen sogar Aufnahmeprüfungen renommierter Universitäten.

Allerdings gibt es nach wie vor grundlegende Unterschiede zwischen künstlicher und menschlicher Intelligenz. Wie die früheren Expertensysteme sind auch die heutigen Programme in dem spezifischen Bereich, für den sie entwickelt und angelernt wurden, sehr leistungsfähig. Aber man kann einer Sprach-KI nicht einfach das Schachspielen beibringen. Ein autonomer Bildgenerator kann kein Auto steuern. Diese fokussierte künstliche Intelligenz wird als schwache KI bezeichnet. Eine starke KI hingegen wäre in Analogie zum menschlichen Gehirn in der Lage, nach einer Anlernphase beliebige Probleme zu lösen.

Ein weiterer Unterschied besteht in der Art des Lernens. Die Qualität der Ergebnisse hängt entscheidend von der Menge und Qualität der Trainingsdaten ab und erfordert ein aufwändiges Anlernen der neuronalen Netze. Um die oben erwähnte Katze mit schwarzen Ohren zu erkennen, benötigt man nicht nur hunderte von Beispielbildern von Katzen mit schwarzen Ohren, mit unterschiedlichen Körperformen, verschiedenen Fellmustern, kleinen und großen Ohren, aus verschiedenen Blickwinkeln und vielem mehr. Es werden auch Bilder von ähnlich aussehenden Objekten benötigt, die keine solchen

Katzen sind: Katzen mit andersfarbigen Ohren, Hunde und alle Objekte, die in ihrer Form Katzen ähneln. Im Gegensatz dazu wird ein Kleinkind, das in einer Familie mit zwei Katzen lebt, die sich nur in der Farbe der Ohren unterscheiden, beide in kürzester Zeit erkennen und unterscheiden können und sofort wissen, dass der Hund des Besuchers keine Katze ist.

Hinzu kommt, dass ein einmal trainiertes neuronales Netz nur begrenzt lernfähig ist. Ändern sich die Umstände oder die Aufgabe, muss meistens das gesamte Trainingsprogramm erneut durchlaufen werden. Ein stückweises Lernen verschiedener Aufgaben, wie es unser Gehirn beherrscht, liegt für die heutige künstliche Intelligenz noch in weiter Ferne.

Diese Defizite beschreiben aber auch die aktuellen Forschungsfelder und an vielen Stellen sind Fortschritte erkennbar, was uns zum Blick in die Zukunft führt. Werden wir in den nächsten Jahren eine starke KI sehen, die der menschlichen Intelligenz ebenbürtig ist? Wird sie diese in einigen Jahren sogar übertreffen? Möglich ist es. Aber ist es auch wahrscheinlich?

Künstliche Intelligenz hat in den letzten Jahren in vielen Bereichen Einzug gehalten. Sie erleichtert unser Leben und hilft Unternehmen, Produkte zu verbessern und Prozesse zu automatisieren. Diese Anwendungen basieren auf schwacher Intelligenz, mit der wir inzwischen viel Erfahrung gesammelt haben. Es ist sehr wahrscheinlich, dass diese Entwicklung weitergehen wird. Die heute gängigen Ansätze haben sich etabliert und werden weitere Anwendungsfelder finden, begünstigt durch leistungsfähigere und billigere Computertechnologie sowie die zunehmende Verfügbarkeit von Daten. Allein durch die immer größer werdenden neuronalen Netze werden neue Fähigkeiten entdeckt und weitere Anwendungsfelder erschlossen. Es wird immer mehr schwache KI geben: besser, schneller und für neue Anwendungen.

Es gibt aber bereits Anwendungen, bei denen die Entwicklung

und das Anlernen eines neuronalen Netzes abgebrochen wurde, weil man erkannt hat, dass der Aufwand in keinem Verhältnis zum erwarteten Nutzen steht. Die schwache KI, wie wir sie heute kennen, zeigt also bereits ihre Grenzen auf.

Neben diesen eher technischen Herausforderungen hat die künstliche Intelligenz heute noch ein grundsätzliches Problem: Sie versteht den Sinn ihrer Tätigkeit nicht. Sobald eine Aufgabe über das Spektrum des Gelernten hinausgeht, versagt sie. Eine Lösung dafür ist noch nicht in Sicht.

Die Zukunft wird daher entscheidend davon geprägt sein, wie wir die heutigen Defizite der Technologie überwinden können. Auch wenn es erste Ansätze dazu gibt, zeigt uns der Blick in die Vergangenheit, dass auf viele Hypes oft Enttäuschungen folgen und die Technologie lange auf einem einmal erreichten Niveau verharren kann, bevor ein Durchbruch oder auch das Zusammentreffen neuer Entwicklungen für einen erneuten Schub sorgt.

Und die Zukunft entwickelt sich nicht nur aus der Technologie heraus. Wir haben gesehen, dass auch gesellschaftliche und politische Entwicklungen immer wieder Einfluss nehmen. Was wäre, wenn den großen Unternehmen, die heute die KI-Entwicklung maßgeblich vorantreiben, durch eine Finanzkrise das Geld ausgeht? Was, wenn blindes Vertrauen in ein KI-System zu einer massiven Fehlentscheidung führt? Was, wenn die gesellschaftliche Diskussion zu einer Ablehnung jeglicher starker KI führt? Sie könnte ja die Menschen aus ihren Jobs verdrängen oder sogar wie in den vielen Dystopien Hollywoods die Weltherrschaft übernehmen wollen. Würden weitere Entwicklungen nicht komplett verboten werden?

Wenn wir heute die Zeitungen lesen, dann scheint die starke Intelligenz zum Greifen nahe zu sein, wie im ersten KI-Sommer von 1956 bis 1973 und in der Hochzeit der Expertensysteme von 1981 bis 1984. Vielleicht starten wir diesmal durch und schaffen den Durchbruch zur starken Intelligenz. Es würde mich aber auch nicht wundern, wenn die Dynamik zunächst wieder nachlässt und sich die Erwartung an künstliche Intelligenz den heutigen technischen Möglichkeiten wieder annähert. Der nächste Schub kommt bestimmt. In der Zwischenzeit könnten wir als Gesellschaft, als Menschen darüber nachdenken, wie starke KI unsere Welt verändern könnte, wo sie unser Leben besser macht und welche Aspekte wir vielleicht gar nicht wollen. So könnten wir einen klugen Umgang mit künstlicher Intelligenz finden, bevor Fakten geschaffen werden, die später nur schwer zu korrigieren sind.

Auch wenn es unbefriedigend klingt: Wir kennen die Zukunft nicht. Aber trotz aller Ungewissheit wollen und sollten wir uns auf sie einstellen. Wie die nächsten beiden Kapitel zeigen werden, können wir das auch.

# GEGENWART WEITERDENKEN: TRENDS

Haben Sie schon einmal die Abkürzung VUCA gehört? Die vier Buchstaben stehen für die englischen Wörter volatile, uncertain, complex und ambiguous, zu Deutsch: unbeständig, unsicher, komplex und mehrdeutig. Der Begriff VUCA stammt aus den 1990er Jahren und hat sich seitdem fest in der Managementliteratur verankert. Er soll zum Ausdruck bringen, dass die Welt immer dynamischer und unüberschaubarer wird. Eine langfristige Planung, zum Beispiel eines Unternehmens, wird immer schwieriger, da sich die Umgebungsbedingungen und damit die Planungsprämissen immer schneller ändern. Die unternehmerische Antwort auf VUCA sind agile Prinzipien und Strukturen, die eine schnelle Anpassung an veränderte Rahmenbedingungen ermöglichen.

Haben wir uns inzwischen an VUCA gewöhnt, geht *BANI* noch einen Schritt weiter. Wieder sind es vier englische Wörter: *brittle*, *anxious*, *non-linear*, *incomprehensible*, auf Deutsch: brüchig, ängstlich, nicht-linear und unbegreiflich. Der amerikanische Zukunftsforscher Jamais Cascio rückt mit der Einführung des Begriffs VUCA die chaotischen Elemente in der Entwicklung der Zukunft in den Vordergrund.

Pandemien und Klimawandel, Kriege und Cyberattacken, politischer Extremismus und vieles mehr lassen die Zukunft unberechenbar erscheinen. Aus Unternehmenssicht rückt damit die *Resilienz* in den Fokus und damit die Fähigkeit, auch in einem instabilen Umfeld handlungsfähig zu bleiben.

Wenn wir VUCA und BANI wörtlich nehmen, können wir zu dem Schluss kommen, dass die Zukunft überhaupt nicht vorhersehbar ist. Jede unserer Annahmen ist morgen möglicherweise schon wieder falsch. Das ist natürlich zu kurz gedacht. Auch wenn die Welt dynamischer wird, so gibt es viele Veränderungen, die mit einer gewissen Kontinuität ablaufen und damit einen Blick in die Zukunft erlauben. Diese Veränderungen nennt man Trends.

Nehmen wir als Beispiel den Trend der *Urbanisierung*. Er beschreibt zunächst nur die Beobachtung, dass immer mehr Menschen in Städten leben. Die Zunahme der Stadtbevölkerung ist damit der Kern des Trends. Wir können ihn also in einfachen Zahlen ausdrücken. Der Beginn des Trends lässt sich auf die Gründung erster Städte vor mehr als 5000 Jahren datieren. Heute lebt bereits über die Hälfte der Weltbevölkerung in Städten, und Experten gehen davon aus, dass der Trend noch lange anhalten wird. Dabei gab es immer wieder Brüche im Verlauf und in der regionalen Ausprägung – bedingt durch Klimaveränderungen, technische Entwicklungen und Kriege, um nur einige Faktoren zu nennen.

Zunächst sind Städte nur größere Dörfer. Doch ein stetes Wachstum führt zu tiefgreifenden Veränderungen. Schon früh wird die Versorgung der Stadtbewohner mit Nahrungsmitteln zu einem limitierenden Faktor der Entwicklung. Die Landwirtschaft produziert zunächst nur geringe Überschüsse, um die Stadtbewohner zu ernähren, was die Größe der Städte begrenzt. Als die Überschüsse wachsen, müssen Lebensmittel gelagert, transportiert und verteilt werden, tragfähige Handelsstrukturen entstehen. Auch die Anforderungen an die Organisation und Verwaltung der Stadt steigen. Städtische

Infrastruktur muss aufgebaut und unterhalten werden: Häuser und Straßen, öffentliche Plätze und Gebäude, Läden und Fabriken. Und nicht zuletzt müssen Städte vor Angriffen geschützt werden.

Die Attraktivität von Städten hängt eng mit der Verfügbarkeit von Arbeitsplätzen zusammen. Im Zuge der Industrialisierung entstehen Fabriken mit einem großen Bedarf an Arbeitskräften, die sie in den Städten finden und in dessen Nähe sie sich ansiedeln. Produktionsbetriebe benötigen Rohstoffe und Dienstleistungen, was Händler und andere Unternehmen anzieht. Die vielen Menschen benötigen Wohnungen, Kleidung und Dinge des täglichen Bedarfs, aber auch Möglichkeiten zum Austausch und zur Freizeitgestaltung. Weitere Unternehmen decken die Nachfrage. So entsteht in den Städten ein vielfältiges Angebot für Menschen und Unternehmen, das wiederum weitere Menschen anzieht.

Urbanisierung beschreibt im Kern zwar nur die zahlenmäßige Zunahme der Stadtbevölkerung. Die Art und Weise wie Menschen auf engem Raum leben und arbeiten, ihre Mobilität, ihre Versorgung mit Nahrungsmitteln und Gütern, die Infrastruktur, die Verwaltung und viele weitere Aspekte sind jedoch unmittelbar damit verbunden. Der Trend Urbanisierung ist seit mehreren tausend Jahren in Kraft, die ihm zugrunde liegenden Mechanismen und Einflussfaktoren haben sich in dieser Zeit stetig weiterentwickelt, so wie sich auch die Städte über die Jahrhunderte verändert haben. All dies ist gemeint, wenn wir von Urbanisierung sprechen.

Die Zusammenfassung der vielen Einzelaspekte zu einem Gesamttrend erleichtert uns die Arbeit. Wir haben einen stabilen Teil der komplexen Welt herausgelöst und verstanden. Urbanisierung ist die beschriftete Schublade für all diese Erkenntnisse. Wir können die Schublade so lange geschlossen lassen, bis wir konkrete Fragen zur Urbanisierung haben. Für viele Fragestellungen reicht es zu wissen, dass die Stadtbevölkerung weiterwächst. Die einzelnen Teilaspekte interessieren oft gar nicht.

So können wir aus der Urbanisierung eine hohe Nachfrage nach städtischem Wohnraum ableiten, die einen entsprechenden Neubaubedarf nach sich zieht. Kann dieser mit dem Wachstum nicht Schritt halten, so werden die Wohnungsmieten steigen. Umgekehrt werden ländlich gelegene Grundstücke eher an Wert verlieren. Unternehmen im ländlichen Raum werden zunehmend Schwierigkeiten bekommen, geeignete Fachkräfte zu finden, Geschäfte und Arztpraxen werden tendenziell weniger werden. Dieser Wandel wird selten abrupt erfolgen. Aber lokal verwurzelte Unternehmen sollten sich frühzeitig damit auseinandersetzen.

Erst bei konkreteren Fragestellungen müssen wir die Schublade *Urbanisierung* wieder öffnen. Ab welcher Stadtgröße überwiegt der Zuzug? Warum schrumpfen viele Städte entgegen dem allgemeinen Trend? Und warum sind manche Stadtteile attraktiver als andere? Hier reicht das pauschale Wissen über Urbanisierung nicht mehr aus.

Urbanisierung ist ein sehr alter und beständiger Trend. Es gibt aber auch junge Trends und es entstehen immer wieder neue. Doch wie erkennt man sie? Und ab wann wird eine Veränderung zum Trend?

Erinnern wir uns an das Diffusionsmodell von Rogers, das die Ausbreitung von Neuerungen beschreibt. Ausgangspunkt einer Neuerung ist die Gruppe der Innovatoren. Hier wird die neue Idee geboren, diskutiert, ausprobiert, angepasst und weiterentwickelt. Wenn mit den frühen Anwendern die zweite Gruppe des Diffusionsmodells in Erscheinung tritt, hat die Neuerung bereits eine gewisse Reife erlangt und breitet sich bei Erfolg auch auf die frühe Mehrheit aus. Das ist ein klarer Trend.

Aber nicht alle Ideen durchlaufen den gesamten Prozess. Viele scheitern oder kommen erst gar nicht aus den Startlöchern heraus. Dann entsteht natürlich kein Trend. Anfangs ist die Unsicherheit also groß. Wir wissen noch nicht, wie sich die

Veränderung entwickeln wird. Dennoch sind es genau diese Ideen, nach denen sogenannte *Trendscouts* Ausschau halten. Bei den Innovatoren werden die Samen gesät, die später die Welt verändern können. Diese Vorboten gilt es zu erkennen und dann die aussichtsreichen von den erfolglosen Ansätzen zu trennen.

Trendscouts suchen nach technologischen Neuerungen, innovativen Produkten, ungewöhnlichen Verhaltensweisen und anderen Signalen, die vom Mainstream abweichen. Jedes dieser Signale ist für sich genommen noch wenig aussagekräftig. Werden jedoch ähnliche Signale immer häufiger beobachtet, können sie frühe Anzeichen eines neuen Trends sein. Aus der Analyse der ersten Signale ergeben sich Ansatzpunkte für eine gezieltere Suche, die weitere Anzeichen für den Trend liefert. Zu diesem Zeitpunkt wird der Trendscout den Trend beschreiben und mit einem Namen versehen. Ein neuer Trend ist geboren.

Natürlich ist der neue Trend noch mit vielen Unsicherheiten behaftet. Wie stark wird er sein? Wie schnell wird er sich entwickeln? Oder handelt es sich doch nur um eine zufällige Häufung von Ereignissen, die genauso schnell auch wieder vorbei ist? Um Klarheit zu schaffen, wird zunächst versucht, die Mechanismen hinter dem Trend zu verstehen. Welche Faktoren treiben den Trend an? Welche Aspekte sind so überzeugend, dass eine weitere Ausbreitung wahrscheinlich ist? Wer profitiert vom Trend und treibt ihn voran? Umgekehrt wird nach Hindernissen gesucht, die dem Trend entgegenwirken. Was steht einer weiteren Verbreitung im Wege? Wer verliert durch den Wandel oder muss sich anpassen? So entsteht nach und nach ein besseres Verständnis der Entwicklung.

Es sind nicht nur professionelle Trendscouts, die neue Entwicklungen erkennen. Viele Menschen setzen sich beruflich oder privat mit Veränderungen auseinander. Haben Sie nicht auch ein Lieblingshobby oder Interessengebiet, sei es Kochen, Gärtnern oder Fitness, bei dem Sie aktiv nach neuen Ideen suchen? Bei dem es Sie interessiert, welche neuen Methoden und Technologien eingesetzt werden und wo auf der Welt gerade verrückte Dinge ausprobiert werden? Sie werden dann zwar nicht gleich einen neuen Trend ausrufen. Und Sie werden wahrscheinlich auch nicht der Erste sein, der den Trend sieht. Aber Sie werden ihn mit einiger Wahrscheinlichkeit irgendwann finden.

Im beruflichen Kontext sind es meist Experten, die in ihrem Spezialgebiet auf dem neusten Stand bleiben müssen. Je spezifischer das Fachgebiet ist, desto geringer ist die Wahrscheinlichkeit, dass die üblichen Trendscouts dort neue Trends entdecken, es sei denn, sie sind auf das Fachgebiet spezialisiert. Deshalb besuchen Experten Konferenzen, lesen Fachliteratur und tauschen sich mit anderen Experten aus. In größeren Unternehmen sind es häufig Strategiebereiche, die ein aktives Trendscouting betreiben. Manchmal sind es die Forschungs- und Entwicklungsbereiche, die Technologietrends analysieren, um neue Entwicklungen frühzeitig in ihrer Arbeit zu nutzen. Aber auch Marketingabteilungen beobachten intensiv Markt- und Gesellschaftstrends, die das Konsumverhalten ihrer Kunden verändern könnten.

Und es gibt Unternehmen, die einen Trend regelrecht erschaffen. Auslöser sind oft neue Produkte, die neue Anwendungen ermöglichen oder einfach nur wahnsinnig cool sind. Durch intensives Marketing und gezieltes Anwerben erster Anwender gelingt es Unternehmen immer wieder, eine Dynamik zu erzeugen, die sich zu einem breiten Trend entwickelt.

Erinnern Sie sich noch daran, als Amazon im November 2007 seinen ersten E-Book Reader, den *Kindle*, herausbrachte? E-Books, also Bücher in digitaler Form, gibt es bereits seit 1971, als der amerikanische Student Michael S. Hart die Unabhängigkeitserklärung der USA als ersten Text im Internet teilt. Das Internet heißt damals noch Arpanet und ist ein geschlossenes System mit gerade einmal 15 Netzknoten, über die alle Verbindungen laufen. Der Zugriff ist kompliziert und auf wenige Nutzer beschränkt.

Das Internet ist eine Spielwiese für neue Ideen. Ohne kommerzielle Interessen wird alles Mögliche ausprobiert. So sind die ersten E-Book-Angebote wie das 1971 gestartete Gutenberg-Projekt, das Literatur kostenlos zur Verfügung stellen will, altruistisch motiviert. Der Kreis der potenziellen Nutzer ist klein, Geld lässt sich damit noch nicht verdienen. In den 1980er Jahren entstehen dann kommerzielle Angebote, bei denen E-Books auf Disketten, dem Vorläufer der CD, verkauft werden.

All diese Aktivitäten können auf einen Trend zum digitalen Buch hindeuten. Ob sich die neue Technologie durchsetzen wird, ist zum damaligen Zeitpunkt jedoch noch ungewiss. Computer sind teuer und kompliziert zu bedienen, die komfortable Windows-Oberfläche wird erst 1985 eingeführt. Und wer kennt zu dieser Zeit schon elektronische Bücher? Zum einen gibt es nur wenige Internetnutzer, zum anderen bieten E-Books keine wirklichen Vorteile gegenüber dem gewohnten Buch aus Papier. Die Zukunft des Trends ist also höchst ungewiss.

Das ändert sich im Jahr 1990 mit der Freigabe des Internets für die kommerzielle Nutzung und der darauf folgenden stetigen Verbreitung auch unter privaten Nutzern. Geschäftsmodelle im Internet werden zunehmend interessant, insbesondere für digitale Güter wie elektronische Bücher, bei denen die gesamte Geschäftsabwicklung kostengünstig online erfolgen kann. Mehrere Verlage experimentieren inzwischen mit dem Verkauf von E-Books, was zu einem steigenden Angebot führt.

Die zunehmende Verbreitung des Internets ist ein wichtiger Antrieb für die Entwicklung des E-Book-Trends, der nun das Experimentierstadium verlässt und erste gewinnorientierte Geschäftsmodelle hervorbringt. Nicht alles, was zunächst entsteht, ist erfolgreich. Vieles wird wieder angepasst oder eingestellt. Das elektronische Buch etabliert sich schließlich als dauerhaftes Angebot, noch aber ist die Nutzung gering. Digitale Bücher bleiben zunächst ein Nischenangebot. Manch einer mag den Trend schon für tot erklärt haben.

Springen wir ins Jahr 2007, das Jahr der Einführung von Amazons Kindle. Der Kindle ist zwar nicht das erste Lesegerät für E-Books aus dem Internet, ein Gerät von Sony gab es bereits im Vorjahr zu kaufen. Doch Amazon verbindet sein Produkt mit einer Vielzahl an elektronischen Büchern zu attraktiven Preisen. Eine große Auswahl an klassischer Literatur steht sogar zum kostenlosen Download bereit. Vor allem aber befreit der handliche E-Book-Reader das elektronische Buch vom sperrigen Computer. Das kompakte Format und die einfache Bedienung machen viele Vorteile des gedruckten Buchs zunichte und gehen sogar noch darüber hinaus: Nun kann man eine ganze Bibliothek als Lektüre mit in den Urlaub nehmen! Dementsprechend steigt der Verkauf elektronischer Bücher rasant an.

Dank der Marktmacht von Amazon und einem geschickten Marketingkonzept entwickeln sich E-Books aus der Nische zu einem Massenmarkt, was dazu führt, dass weitere Anbieter eigene Geräte auf den Markt bringen oder elektronische Bücher anbieten. Der Trend beschleunigt sich. Seit dem Jahr 2017 werden in den USA mehr E-Books als gedruckte Bücher verkauft.

Dies gilt jedoch nicht für die E-Book-Reader selbst. Die Verkaufszahlen steigen zunächst stark an, erreichen aber im Jahr 2012 mit rund 40 Millionen verkauften Geräten ihren Höhepunkt. Seitdem gehen die Stückzahlen kontinuierlich zurück. Gab es seit 2007 einen starken Aufwärtstrend bei den Verkaufszahlen von E-Book-Readern, so sehen wir seit 2012 die Trendwende.

Wie passt das zusammen? Zwei Effekte spielen eine Rolle. Viele Menschen besitzen bereits ein Lesegerät, das, wenn überhaupt, erst nach mehreren Jahren ersetzt wird. Wir sehen deutliche Anzeichen einer Marktsättigung. Andererseits werden elektronische Bücher zunehmend auch auf anderen Geräten, wie Tablets und den immer größer werdenden Smartphones, gelesen. Die zusätzliche Anschaffung eines speziellen E-Book-Readers ist nicht mehr erforderlich. Es handelt sich um einen klassischen Substitutionseffekt.

Das Beispiel veranschaulicht einige der eingangs beschriebenen Signale und Anzeichen zur Identifizierung von Trends. Es zeigt aber auch, dass kein Trend isoliert betrachtet werden kann. Die Verbreitung des Internets sowie die Verfügbarkeit der notwendigen Geräte waren wichtige Treiber für den E-Book-Trend, auch wenn jeder der Trends einen anderen zeitlichen Verlauf bis hin zur Trendumkehr hatte. Im Rückblick erschließen sich diese Zusammenhänge leicht. Beim Blick der Trendscouts in die Zukunft ist vieles noch undeutlich. Es ist eine Herausforderung, die Signale frühzeitig zu entdecken und richtig zu deuten.

Wir haben bereits besprochen, dass komplexe Systeme analytisch nicht vollständig erfasst werden können und eine Vorhersage daher niemals mit Sicherheit eintreffen wird. Die Tatsache, dass Systeme komplex sind, bedeutet jedoch nicht automatisch, dass sie sich chaotisch verhalten. Das Entdecken von Trends entspricht dem Erkennen von Mustern in komplexen Systemen, dem Identifizieren von Bereichen, die zumindest für eine gewisse Zeit ein kontinuierliches Verhalten zeigen. Wir schneiden also aus dem komplexen System stabile Teilaspekte heraus. Dabei dürfen wir die Wechselwirkung mit dem Rest nicht vergessen. So müssen wir regelmäßig überprüfen, ob der erkannte Trend noch intakt ist oder durch äußere Einflüsse verändert oder vielleicht sogar gestoppt wird.

Am Beispiel der Urbanisierung haben wir gesehen, dass manche Trends auch mehrere tausend Jahre überdauern können. Urbanisierung ist ein typischer Megatrend, der Jahrzehnte und länger anhält und global sichtbar ist. Auch die Klimaerwärmung seit Beginn der Industrialisierung oder die Digitalisierung zählen dazu. Daneben gibt es aber auch lokale oder spezifische Trends von unterschiedlicher Dauer, vom Trend zum Carsharing bis hin zum Modetrend, der nur einen Sommer anhält.

So kann jeder Trend zu einem Ende kommen. Die Urbanisierung endet spätestens dann, wenn alle Menschen in Städten leben, wahrscheinlich schon viel früher. Ein Modetrend wird vom nächsten Modetrend abgelöst und kommt vielleicht nach einigen Jahren wieder. Viele Trends verschwinden langsam aus unserer Aufmerksamkeit, die sich eher auf das Neue als auf das lang Bekannte und damit Selbstverständliche richtet.

Manche Trends ändern sich aber auch überraschend. Dies kann durch starke äußere Einflüsse geschehen, wie wir sie in Form von Disruptionen kennengelernt haben. Es kann aber auch an Kipppunkten liegen, die durch den Trend selbst ausgelöst werden. Aktuell werden mögliche Kipppunkte des Klimawandels diskutiert: Wenn durch die Erwärmung das Packeis in den Polarregionen schmilzt, wird weniger Sonnenstrahlung von der Erde zurückgeworfen. Zudem fällt der kühlende Effekt der Eisschmelze weg. Die Geschwindigkeit der Erderwärmung nimmt zu. Ähnlich drastische Auswirkungen hätten das Auftauen der methanreichen Permafrostböden oder Veränderungen in den großen Meeresströmungen.

Kipppunkte beschreiben Zeitpunkte, an denen sich die treibenden Mechanismen eines Trends stark verändern und damit zu einem neuen Verlauf führen. Dies kann eine Beschleunigung, eine Verlangsamung oder eine Trendumkehr sein. Es ist auch möglich, dass die Einheit, die wir als Trend zusammengefasst haben, in verschiedene Teile mit jeweils unterschiedlichen Entwicklungen zerfällt. Beim derzeitigen Übergang von Fahrzeugen mit Verbrennungsmotoren zur Elektromobilität entstand der Kipppunkt durch den gesellschaftlichen und politischen Konsens zur Vermeidung fossiler Kraftstoffe. Innerhalb kurzer Zeit begünstigten Gesetze und Anreizsysteme die neue Technologie, was zu steigenden Investitionen in die Elektromobilität und sinkenden Aktivitäten bei konventionellen Fahrzeugen führte. Möglicherweise hätte sich diese Entwicklung irgendwann auch von selbst vollzogen. Der Kipppunkt hat den Übergang jedoch stark beschleunigt.

Wofür kann das Wissen über Trends genutzt werden? Stellen Sie sich vor, Sie führen ein großes Unternehmen und müssen über eine teure Investition entscheiden. Sie planen den Aufbau einer Fertigungslinie für ein neues Produkt und werden dafür einen hohen Kredit aufnehmen. Lohnt sich die Investition?

Da es viele Jahre dauern wird, bis das neue Produkt die Investition wieder einspielt und die Kredite zurückgezahlt sind, müssen Sie davon überzeugt sein, dass das Umfeld positiv bleibt. Sie werden sich also fragen, ob es genügend Kunden für Ihr Produkt geben wird, wofür Sie Markt- und Gesellschaftstrends betrachten werden. Sie werden überlegen, ob es nicht schon bald ein besseres oder billigeres Produkt von einem Ihrer Wettbewerber geben könnte. Dazu lohnt sich ein Blick auf Technologietrends. Auch die regulatorischen Rahmenbedingungen sollten günstig bleiben. Politiktrends können hier eine Antwort liefern. Mit einer Übersicht über die für Sie relevanten Trends können Sie Ihre Annahmen über zu erwartende Entwicklungen hinterfragen. Ohne die Strukturierung in Trends wäre dies ein unmögliches Unterfangen. Denn Trends fassen nicht nur viele Einzelinformationen zusammen, sie zeigen auch die erwartbaren Veränderungen auf.

Aber auch privat können Sie von Trendwissen profitieren. Bei allen längerfristigen Entscheidungen können Sie hinterfragen, ob Ihr heutiges Weltbild und Ihre heutigen Annahmen auch in Zukunft noch gelten. Wenn Sie sich für eine Ausbildung entscheiden, sollten Sie natürlich für die Tätigkeit geeignet sein und Spaß daran haben. Wird es den Beruf in einigen Jahren aber in der heutigen Form überhaupt noch geben? Wie groß wird der Bedarf an Arbeitskräften sein? Welche neuen Qualifikationen sind dann wichtig? Trends können wichtige Hinweise geben.

Vor einigen Jahren war es noch selbstverständlich, mit 18 Jahren einen Führerschein zu besitzen. Der Besuch der Fahrschule kostete viel Zeit und Geld, und nicht immer wurde die Prüfung auf Anhieb bestanden. Für das erste eigene Auto, meist ein Gebrauchtwagen, wurde lange gespart. Und auch die laufenden Kosten wie Steuern, Versicherung, Benzin und Reparaturen waren für jemanden, der vielleicht gerade sein erstes Geld verdiente, nicht unerheblich. Dennoch: Ohne Auto war man in vielen Regionen vom gesellschaftlichen Leben abgeschnitten. Das Treffen mit Freunden, der wöchentliche Einkauf, der Weg zur Arbeit waren umständlich, das Angebot an alternativen Transportmöglichkeiten unzureichend. Das Auto bedeutete Status und Freiheit.

Statistiken zeigen, dass der Führerschein seit einigen Jahren immer später erworben wird. Zunehmend wird sogar ganz auf ihn verzichtet. Das ist zunächst einmal ein Trend. Das heißt aber nicht automatisch, dass niemand mehr einen Führerschein braucht. Es hängt viel von der individuellen Situation ab und wie diese sich entwickelt. Für die eigene Entscheidung sollten wir auf weitere Trends im Bereich der Mobilität schauen und diese für das eigene Umfeld interpretieren.

Dazu müssen wir uns zunächst über unsere eigene Situation klar werden. Müssen wir täglich zur Arbeit und zurück pendeln oder wird sich das Homeoffice, das Arbeiten von zu Hause aus, durchsetzen? Wohnen wir in der Stadt oder auf dem Land und welche Formen der öffentlichen Mobilität werden in Zukunft vorhanden und bezahlbar sein? Wie wird sich das Angebot an Supermärkten, Schulen und Freizeitangeboten in der näheren Umgebung entwickeln? Und schließlich: Wann wird das autonome Fahren erlaubt und verfügbar sein, so dass wir uns jederzeit ein Auto rufen können, das uns flexibel ans Ziel bringt, ohne ein eigenes Auto und erst recht keinen Führerschein besitzen zu müssen?

Offensichtlich sehen immer weniger Menschen einen Vorteil im eigenen Auto. Der Gedanke, das Geld und die erforderliche Zeit für den Führerschein einzusparen, ist eine Überlegung wert.

Auch wenn VUCA und BANI ihre Berechtigung haben, so zeigt uns die Welt ebenso Kontinuität auf vielen Ebenen, die wir als Trend identifizieren, beschreiben und mit ihr arbeiten können. Und übrigens: Auch die Entwicklung von einem weniger dynamischen Ausgangszustand über VUCA zu BANI ist ein Trend! Zumindest so lange, bis es uns gelingt, die zunehmende Unberechenbarkeit durch vernünftige Rahmenbedingungen wieder in den Griff zu bekommen.

# ZUKUNFTSBILDER
# ENTWERFEN:
# SZENARIEN

M it den Trends haben wir die kontinuierlichen Entwicklungen innerhalb einer komplexen Welt betrachtet und damit die zufälligen und chaotischen Elemente ausgeblendet. Wir haben auch gesehen, dass Trends sich gegenseitig beeinflussen. Teilweise sind die Wechselwirkungen so vielfältig und verschachtelt, dass ein analytisches Verständnis unmöglich erscheint. Wir können Trends nicht einfach extrapolieren. Irgendwann werden äußere Einflüsse zu unvorhersehbaren Entwicklungen führen. Die ferne Zukunft lässt sich nicht mehr aus der Gegenwart ableiten, sie ist weit offen! Aber es gibt Möglichkeiten, sich auf diese unvorhersehbare Zukunft einzustellen.

In den 1970er Jahren beherrschen sieben internationale Ölkonzerne den weltweiten Ölmarkt. Erdöl ist ein stabiles Geschäft. Es gibt genug Lagerstätten auf der Welt, die beständig Öl liefern, und regelmäßig werden neue Quellen erschlossen. Öl ist der Treibstoff für das industrielle Wachstum vieler Länder, was zu einer stetig steigenden Nachfrage führt. Der Ölpreis ist seit Jahrzehnten stabil und berechenbar.

Zu jener Zeit gibt es in der Londoner Zentrale von Shell

(damals: Royal Dutch/Shell) eine Stabsabteilung, die sich mit Ereignissen befasst, die sich auf den Ölpreis auswirken könnten. Die dort tätigen Analysten beobachten frühe Anzeichen für Verschiebungen des zukünftigen Angebots. Erste Ölfelder in den USA nähern sich der Erschöpfung. Neue Felder werden vor allem in den arabischen Staaten erschlossen, so dass sich die Förderung immer mehr in den Einflussbereich der 1960 gegründeten Organisation erdölexportierender Länder, der OPEC, verlagert.

Bei Shell sieht man die Gefahr, dass die OPEC ihre wachsende Macht ausspielen und höhere Preise durchsetzen könnte. Zudem hat der Sechstagekrieg zwischen Israel und den arabischen Staaten Ägypten, Jordanien und Syrien im Juni 1967, in dem die westlichen Staaten Israel unterstützten, Interessenkonflikte offenbart. Noch ist Zeit zu reagieren, denn die Ölpreise sind langfristig ausgehandelt. Die nächsten großen Verhandlungen stehen erst in einigen Jahren wieder an.

Die Planungsabteilung von Shell entwirft daher zwei verschiedene Zukunftsbilder, so genannte *Szenarien*. Das eine Bild entspricht dem „Weiter wie bisher" mit stabilen Ölpreisen in einer Welt ähnlich der Gegenwart des Jahrs 1970. Das andere Szenario geht von einer Machtverschiebung der Förderländer zugunsten der OPEC und stark steigenden Ölpreisen aus. In diesem Szenario sind die etablierten Geschäftsmodelle der westlichen Ölindustrie bedroht. Der bislang stabile Markt gerät in Turbulenzen. Die detaillierte Ausarbeitung der zu erwartenden Konsequenzen dieses Szenarios führt dazu, dass sich das Management intensiv mit der Möglichkeit eines Ölpreisschocks auseinandersetzt und bereits im Vorfeld über geeignete Strategien nachdenkt.

1973 tritt ein, was befürchtet wurde. Der Ölpreis steigt in ungeahnte Höhen und löst in den Industrieländern eine schwere Rezession aus. Die gesamte Ölbranche gerät ins Wanken und mit ihr Länder und Industrien auf der ganzen Welt. Da sich Shell zu diesem Zeitpunkt bereits intensiv mit diesem Szenario auseinandergesetzt hat, kann das Unternehmen schneller als die Konkurrenz reagieren. Trotz der harten Einschnitte, die ein solcher Umbruch mit sich bringt, geht Shell gestärkt aus der Krise hervor. Das ursprünglich kleinste der sieben internationalen Unternehmen der Branche entwickelt sich zu einem der größten Ölkonzerne der Welt, vor allem aber zum profitabelsten.

Shell hatte nicht mehr Informationen als seine Konkurrenten. Sie haben auch die Zukunft nicht besser vorhergesehen als die anderen Unternehmen. Aber Shell hatte ein besseres Verständnis alternativer Entwicklungen und war daher vorbereitet, als eine für die anderen Unternehmen unerwartete Zukunft eintrat.

Szenarien sind Entwürfe von möglichen Zukünften. Sie beschreiben die Welt zu einem bestimmten Zeitpunkt in der Zukunft und konzentrieren sich dabei auf den für eine bestimmte Fragestellung relevanten Ausschnitt. Die beschriebene Zukunft sollte in sich widerspruchsfrei und theoretisch möglich sein, so unwahrscheinlich sie auch sein mag. Vielleicht werden wir Menschen auf dieser Welt über 200 Jahre alt. Das erscheint aus heutiger Sicht unwahrscheinlich, kann aber nicht völlig ausgeschlossen werden. Es kann aber auch sein, dass diese Welt mit nur geringfügigen Veränderungen so aussieht, wie wir sie heute kennen.

Der Vorteil von Szenarien liegt in der ganzheitlichen Betrachtung der Zukunft. Während bei der Trendbetrachtung einzelne Entwicklungen im Vordergrund stehen, bilden Szenarien das Geflecht der Wechselwirkungen ab. Wir haben bereits gesehen, dass sich Technik und Gesellschaft gegenseitig beeinflussen. In Szenarien stellen wir dieses Gesamtbild dar. Shell hatte die wachsende Macht der OPEC erkannt und daraufhin das Szenario einer Ölkrise entworfen. Durch die Entwicklung des Zukunftsbilds wurden die Folgen der befürchteten Entwicklung transparent, weit über die reinen Preiseffekte hinaus.

Nun gibt es unendlich viele denkbare Zukünfte und damit ebenso viele mögliche Szenarien. Wir müssen uns zwangsläufig auf einige wenige beschränken. Aber welche sollten das sein?

Viele Unternehmen arbeiten mit einem Basisszenario, einem Szenario ohne große Überraschungen. Es beschreibt eine Zukunft, die sich aus der Fortschreibung heutiger Entwicklungen ergibt. Alle bekannten Trends setzen sich ohne überraschende Ereignisse fort. Wie wir bereits wissen, ist ein ungestörter Verlauf über lange Zeiträume eher die Ausnahme als die Regel. Wir können aber nicht sagen, welche Störungen genau auftreten und welche überraschenden Ereignisse die Zukunft prägen werden. Das Basisszenario ist daher eine Art Mittelwert der Zukunft und damit eine solide Planungsgrundlage.

Ist die Annahme hinter dem Basisszenario die ungestörte Fortschreibung heutiger Entwicklungen, können wir nun mit weiteren Zukunftsbildern mögliche Abweichungen betrachten. Wenn wir also unsicher sind, wie sich die Energiepreise entwickeln werden, so können wir ein Szenario mit sehr hohen Preisen und ein weiteres mit billiger Energie durchdenken. Da es nur ein Gedankenspiel ist, können wir sogar die Extreme durchspielen: Wie sähe die Welt bei zehnfachen Energiepreisen aus? Und wie, wenn sie umsonst wäre? Die Extremszenarien mögen sehr unwahrscheinlich sein. Aber sie werden komplexe Abhängigkeiten aufdecken und vielschichtige Veränderungen sichtbar machen.

Jedes Unternehmen kennt die tragenden Säulen und Eckpfeiler seines Geschäfts. Welche Rohstoffe und Zukaufteile sind unverzichtbar? Wo liegen die größten Kostenblöcke? Von welchen Geschäftspartnern ist man abhängig und in welchen Ländern werden die Umsätze getätigt? Wie wichtig ist der Zugang zu Fachkräften und wie agieren die Mitbewerber am Markt? Solche Fragen helfen, Schwachstellen zu identifizieren, die dann mit Hilfe von Szenarien beleuchtet werden können. Von besonderem Interesse sind dabei Aspekte, deren

Entwicklung mit großen Unsicherheiten behaftet ist, bei denen keine starken Trends klare Richtungen vorgeben.

Szenarien sind nicht nur zur Risikoanalyse nützlich. Bei vielen Entwicklungen wissen wir heute schlicht nicht, wohin die Reise geht. Klassische Wendepunkte sind etwa Wahlen, die zu einem Regierungswechsel führen können. Wird der bisherige politische Kurs beibehalten oder setzt eine neue Regierung Akzente in eine ganz andere Richtung? Szenarien können hier verschiedene Alternativen beleuchten.

Ein Szenario kann auch einen Wunsch- oder Zielzustand beschreiben. Wie wünschen wir uns die Welt in 20 Jahren? Wir würden eine Welt beschreiben, die wie jedes Szenario in sich konsistent und plausibel ist und in der wir gerne leben würden. Das klingt verrückt, wir können uns die Welt ja nicht aussuchen. Aber wir können sie mitgestalten, und das fällt umso leichter, je besser wir wissen, was wir wollen.

Dazu gibt es die Methode des *Backcasting*. Wir starten bei unserem Wunschszenario und entwickeln es in der Zeit zurück bis in die Gegenwart. Dabei überlegen wir uns, was zu welchem Zeitpunkt erreicht sein muss, damit das Szenario Wirklichkeit wird. So erhalten wir einen Fahrplan in die gewünschte Zukunft. In der Regel sind dabei einige Enttäuschungen vorprogrammiert. Nicht alle Wünsche sind realisierbar. Über die Auseinandersetzung mit den Schwierigkeiten und Herausforderungen erhalten wir ein realistischeres Wunschbild, auf das wir gezielt hinarbeiten können, um möglichst viel davon zu erreichen. Für den Einzelnen mag das fast unmöglich klingen. Aber stellen Sie sich vor, welche Kraft ein solches Vorgehen für ein großes Unternehmen oder für die Regierung eines Landes entfalten kann!

Praktisch jedes Unternehmen verfügt mindestens über ein Basisszenario, auch wenn es oft nicht so genannt und auch nicht im Detail ausgearbeitet wird. Üblicherweise nennt man es strategische Planung. Es ist das aus der Gegenwart extrapolierte Bild der erwarteten Zukunft mit den Zielen für das eigene Unternehmen. Es wäre jedoch leichtsinnig, sich allein darauf zu verlassen. Ergänzende Szenarien sollten alternative Zukünfte beleuchten, um neue Chancen und mögliche Risiken zu erkennen oder die Auswirkungen von Disruptionen zu verstehen. Auf diese Weise eröffnet die Beschäftigung mit der Zukunft neue Möglichkeiten und erhöht die Robustheit gegenüber Überraschungen. Haben nicht auch Sie einen Lebensentwurf im Kopf, Ihr persönliches Basisszenario, das auch ganz anders kommen könnte?

Der Ausbruch des Vesuvs im Jahr 79 n. Chr. gilt als eine der größten Naturkatastrophen der Antike. Er begrub die Stadt Pompeji so tief unter Schutt und Asche, dass sie erst 1700 Jahre später wiederentdeckt wurde. Die Wissenschaft glaubt heute, dass die Einwohner Pompejis dem Ausbruch stundenlang zusahen, ohne die Flucht zu ergreifen. Als schließlich der Wind drehte und der Ascheregen über der Stadt niederging, konnten sich viele Menschen nicht mehr rechtzeitig in Sicherheit bringen.

Dieses scheinbar unverständliche Verhalten lässt sich mit der sogenannten *Normalitätsverzerrung* erklären, einer inzwischen gut verstandenen Verfälschung unserer Wahrnehmung. Sie führt dazu, dass wir den gewohnten Normalzustand als sehr stabil einschätzen, die Eintrittswahrscheinlichkeit uns unbekannter Ereignisse hingegen dramatisch unterschätzen. Die Bewohner von Pompeji hatten in ihrem Leben noch keinen Vulkanausbruch erlebt und konnten sich einfach nicht vorstellen, selbst davon betroffen zu sein, bis es zu spät war.

Wir müssen jedoch nicht so weit in die Historie zurückblicken, um die Normalitätsverzerrung zu erkennen. Als im Dezember 2019 das Coronavirus zuerst in Wuhan auftauchte und sich dann rasch über China ausbreitete, wurde die Gefahr für Europa trotz erschreckender Bilder in Internet und Fernsehen zunächst als gering eingeschätzt. Einzelne Infektionen von Geschäftsreisenden, die aus China zurückkehrten, wurden als beherrschbar angesehen. Erst als sich das Virus in Europa ausgebreitet hatte und erste Todesfälle auftraten, wurde diese Einschätzung revidiert.

Natürlich können wir jetzt auf Politiker und Behörden schimpfen, die den Ernst der Lage nicht erkannt haben. Aber wer von uns hat zu der Zeit schon ernsthafte Konsequenzen für sich selbst befürchtet? Welches Unternehmen hat damals bereits das Risiko einer wirtschaftlichen Krise in Betracht gezogen? Welcher Aktionär hat frühzeitig seine Aktien verkauft? Und wie lange haben wir gehofft, es würde doch nicht so schlimm kommen? Die Bilder aus China waren so verstörend, dass wir uns Ähnliches für unser eigenes Umfeld, für unser eigenes Leben nicht vorstellen konnten und wollten.

Andererseits sollten wir auch nicht zu rücksichtsvoll mit unseren Politikern umgehen. In den Jahren vor Corona wurden an verschiedenen Stellen sehr konkrete Szenarien globaler Pandemien entworfen, die der späteren Corona-Pandemie sehr nahe kamen. Sogar die Europäische Union hat bereits 2011 vor der Möglichkeit einer solchen Epidemie gewarnt. Das Risiko war bekannt und wurde an vielen Stellen diskutiert. Nur getan wurde zu wenig. Politik und Behörden setzten andere Prioritäten. Bis dahin war ja noch alles gut gegangen. Hier wäre mehr Zukunftskompetenz von Vorteil gewesen!

Sind wir also der Normalitätsverzerrung hilflos ausgeliefert? Werden wir in künftigen Krisen die gleichen Fehler machen und wie das Kaninchen vor der Schlange ausharren, bis es zu spät ist? Das muss nicht sein. Studien haben gezeigt, dass es nicht erforderlich ist, alle Krisen selbst zu erleben, um für sie gewappnet zu sein. Es reicht völlig aus, wenn wir ein fiktives Bild davon in unserem Gedächtnis speichern. Wenn wir uns eine Krise deutlich vorstellen und unser Gehirn sich intensiv mit diesem Bild beschäftigt, verliert die Krise ihren Überraschungseffekt. Auch eine künstlich herbeigeführte Erinnerung macht aus der Überraschung ein Stück Normalität. Wir reduzieren die Normalitätsverzerrung. Es fällt uns leichter, rational zu handeln. Die Beschäftigung mit Szenarien hat genau diesen Effekt - für Unternehmen, aber auch für uns persönlich.

Und hier auch gleich ein Anwendungsbeispiel zum Üben: Glauben wir noch immer, wir würden, wie es die Vereinten Nationen im Pariser Klimaabkommen vereinbart haben, die globale Erwärmung auf 1,5 Grad begrenzen können? Vertrauen wir immer noch auf Regierungen und Unternehmen, dass sie die auf dem Papier existierenden Maßnahmen schnell genug umsetzen werden, damit sie wirksam werden können? Und gehen wir nicht alle noch davon aus, unser eigenes Leben würde sich durch den Klimawandel nicht verändern? Sind wirklich nur die anderen betroffen? Liebes Kaninchen, da freut sich die Schlange!

Wenn Sie sich intensiv mit den möglichen Auswirkungen des Klimawandels auseinandersetzen, werden sie von unerwarteten Wetterkapriolen weniger überrascht sein und bereits heute schon bessere Entscheidungen treffen. Lesen Sie aber nicht nur Berichte und Analysen zum Klimawandel. Stellen Sie sich konkret vor, wie sich Ihr Umfeld verändern könnte, wie sich Ihr eigenes Leben, Ihr Alltag mit all Ihren Gewohnheiten verändern wird.

Vielleicht pflanzen Sie als Konsequenz nun klimaresistentere Bäume in Ihrem Garten oder versichern Ihr Eigentum gegen Sturm- und Hagelschäden. Ihr Sommerurlaub wird Sie seltener in den Süden führen, dafür öfter in kühlere Regionen. Möglicherweise wählen Sie demnächst die Partei, die Ihr Land frühzeitig auf eine stetig wachsende Zahl von Klimaflüchtlingen vorbereitet. Im besten Fall tragen Sie im Rahmen Ihrer Möglichkeiten dazu bei, den Klimawandel und seine Folgen ein klein wenig abzumildern.

Es müssen nicht immer die großen Katastrophen sein. Was könnte Sie überraschen? Was würde Ihr Leben auf den Kopf stellen, im Positiven wie im Negativen? Bereiten Sie sich gedanklich darauf vor!

# DER WELTRAUM, UNENDLICHE WEITEN

„D er Weltraum, unendliche Weiten. Wir schreiben das Jahr 2200. Dies sind die Abenteuer des Raumschiffs Enterprise, das mit seiner 400 Mann starken Besatzung fünf Jahre unterwegs ist, um fremde Galaxien zu erforschen, neues Leben und neue Zivilisationen. Viele Lichtjahre von der Erde entfernt, dringt die Enterprise in Galaxien vor, die nie ein Mensch zuvor gesehen hat." So beginnen die Episoden vom Raumschiff Enterprise oder Star Trek, wie die Fernsehserie im Original heißt. Das könnte ein schönes Szenario sein. Allerdings ist das Jahr 2200 noch in weiter Ferne.

Blicken wir nicht ganz so weit in die Zukunft. Wie wäre es mit dem Jahr 2050, das viele von uns selbst erleben werden, und stellen uns die Frage, wie der Weltraumtourismus dann aussehen könnte. Ein Kind von heute wird dann vermutlich mitten im Berufsleben stehen, eine eigene Familie haben und sich möglicherweise gerade Gedanken über den nächsten großen Urlaub machen. Warum also nicht zum Mond? Um ein realistisches Szenario zu entwerfen, sollten wir uns zunächst bewusst machen, wo wir heute stehen.

Am 28. April 2001 fliegt der Amerikaner Dennis Tito als erster Tourist ins All. Für seine Reise mit der russischen Sojus-Rakete und einen siebentägigen Aufenthalt in der Internationalen

Raumstation ISS zahlt er 20 Millionen US-Dollar. Dieses Datum gilt als offizieller Beginn des Weltraumtourismus und liegt mehr als 20 Jahre zurück. Bis 2009 folgen ihm sechs weitere Privatpersonen ins All, vermittelt von der Firma Space Adventures, einem kommerziellen Unternehmen. Dann ist zunächst einmal Schluss, bevor im Jahr 2021 weitere Touristen die Raumstation ISS besuchen.

Auch die Raumfahrt wird durch Wettbewerbe gefördert. Die X Price Foundation lobt einen mit 10 Millionen US-Dollar dotierten Preis für die Entwicklung eines zuverlässigen, wiederverwendbaren, privat finanzierten Raumschiffs mit Besatzung aus. Der Preis wird am 4. Oktober 2004 an die Entwickler des SpaceShipOne der Firma Virgin Galactic verliehen. Virgin Galactic wurde eigens für den Weltraumtourismus gegründet, benötigt aber nach der Preisverleihung weitere 17 Jahre, um mit dem SpaceShipTwo die Testphase eines kommerziell nutzbaren Raumschiffs abzuschließen. Obwohl noch keine zahlenden Passagiere an den Rand des Weltalls geflogen werden und die Flugtickets mehrere hunderttausend Dollar kosten sollen, finden sich schnell einige hundert Interessenten, die für künftige Flüge hohe Anzahlungen leisten.

Etwas schneller ist die Firma Blue Origin. Mit der wiederverwendbaren Rakete New Shepard bringt sie seit 2021 Touristen für kurze Zeit auf eine Höhe von über 100 Kilometern und damit über die offizielle Grenze zum Weltraum. Der gesamte Flug dauert zwar nur 10 Minuten, ermöglicht aber einen atemberaubenden Blick vom Rand der Atmosphäre auf die Erde sowie die Erfahrung der Schwerelosigkeit.

Ein weiterer Anbieter SpaceX arbeitet als privater Dienstleister unter anderem für die NASA, für die es Transportflüge zur ISS durchführt, aber auch für andere Unternehmen, etwa um Satelliten in die Erdumlaufbahn zu bringen. Ab 2021 kommen touristische Flüge hinzu, zunächst zur ISS. SpaceX fliegt nicht nur an den Rand der Atmosphäre, sondern umkreist die Erde alle

90 Minuten in einer Höhe von 300 Kilometern. Doch die Pläne gehen noch weiter. SpaceX denkt an Reisen zum Mond und zum Mars.

Die USA wollen bis etwa 2030 einen langfristigen Außenposten für Menschen auf dem Mond errichten. Der erste Schritt wird die Raumstation Gateway sein, die dauerhaft den Mond umkreisen soll, ähnlich wie heute die ISS die Erde. Als bewohnbare Zwischenstation soll sie die regelmäßige Erkundung des Monds und den Aufbau erster Einrichtungen auf seiner Oberfläche ermöglichen. Der Außenposten ist zunächst für Wissenschaftler vorgesehen, ein sukzessiver Ausbau ist geplant.

In der Zwischenzeit entwickelt sich auch der regulatorische Rahmen weiter. Mit dem *U.S. Commercial Space Launch Amendments Act* treten im Jahr 2004 Richtlinien zur Regelung der Sicherheit der kommerziellen bemannten Raumfahrt in den USA in Kraft. Luxemburg schafft 2017 als erstes europäisches Land einen Rechtsrahmen für private Rechte an im Weltraum abgebauten Ressourcen, wie zum Beispiel den Bodenschätzen des Monds. Weitere Länder folgen. Und nicht zuletzt entwickeln die Firmen Argotec und Lavazza eine Espressomaschine, die in der Schwerelosigkeit funktioniert. Der Weltraumtourismus kann beginnen!

Die Dynamik der aktuellen Entwicklung lässt sich an der Zahl der Satelliten ablesen, die die Erde umkreisen. Wurden vor zehn Jahren noch weniger als 100 Satelliten pro Jahr in die Umlaufbahn gebracht, waren es im Jahr 2020 bereits über 1.000 und 2023 mehr als 2.000 Stück. Für die kommenden Jahre sind weiter steigende Zahlen geplant.

Nachdem wir nun den Ausgangspunkt kennen, können wir uns überlegen, wie der Weltraumtourismus im Jahr 2050 aussehen könnte. Dabei könnten wir im Sinne von Trends die bisherigen Entwicklungen in die Zukunft fortschreiben und sehen, wie die Welt - oder besser der Mond - im Jahr 2050 aussehen könnte. Aber wie wir gesehen haben, entwickelt sich die langfristige

Zukunft selten linear. Also nähern wir uns dem Thema über Szenarien. Hier ist ein mögliches Wunschszenario: Familie Mundus, bestehend aus Mutter Helene, Vater Knut und Tochter Luna, macht Urlaub auf dem Mond.

Helene hat sich schon Monate vorher nach einem spannenden Urlaubsziel umgesehen und ist bei den üblichen Kreuzfahrtanbietern auf die neuen Reiseziele gestoßen: eine Woche Urlaub auf dem Mond! Das hat sie sofort fasziniert. Beim Preis stockt ihr zwar kurz der Atem, aber die Exklusivität ist es ihr wert. Schließlich ist noch keiner ihrer Freunde auf dem Mond gewesen. Na ja, eigentlich führt die Reise nur in die Umlaufbahn des Monds. Der Abstecher auf die Mondoberfläche kostet immer noch ein Vermögen, das sich bisher nur superreiche Prominente leisten können. Ihr Mann Knut ist leicht zu überzeugen, auch wenn der geplante Kauf eines neuen Autos zurückgestellt werden muss. Da Luna gerade 14 Jahre alt geworden ist, kann sogar sie mitfahren. Jüngere Kinder dürfen aus medizinischen Gründen noch nicht an Weltraumreisen teilnehmen.

Zu jeder Reise ins All gehört ein Gesundheitscheck und ein kurzes Vorbereitungstraining. Das findet an einem Wochenende statt und fühlt sich bereits nach Urlaub an. Unterbringung in einem 5-Sterne-Hotel mit ausgedehntem Wellnessbereich, freundlichem Personal und neben der leidigen Blutabnahme viele sportliche Aktivitäten, die die früher üblichen Belastungstests ersetzen. Dafür werden an verschiedenen Stellen des Körpers Sensoren angebracht, die kontinuierlich Daten aufnehmen. Ein Highlight sind die Weltraumsimulatoren, die einen ersten Vorgeschmack auf das Gefühl beim Raketenstart geben und auch den Blick ins Weltall simulieren. Am Ende des Wochenendes die Zusage: Alle drei dürfen am Mondflug teilnehmen. Die Erleichterung erinnert Helene an frühere Aufnahmeprüfungen. Hätten medizinische Gründe gegen einen Raumflug gesprochen, wäre der Traum vom Mond geplatzt und die Anzahlung wäre ebenfalls verloren gewesen.

Endlich geht es los. Familie Mundus fährt mit einem selbstfahrenden Taxi zur nächsten *Hyperloop*-Station und von dort mit dem Hyperloop-Shuttle in knapp zwei Stunden nach Südspanien. Das System der in luftleeren Röhren schwebenden Passagierkapseln verdrängt seit einigen Jahren auf Langstrecken Züge und Flugzeuge. Es ist nicht nur viel schneller, auch das Reisen ist unkomplizierter geworden.

Bei der Ankunft werden sie vom Reiseanbieter Space Cruises abgeholt und direkt zum Weltraumbahnhof gebracht. Inzwischen gibt es auf jedem Kontinent erste Weltraumbahnhöfe, die auch touristisch genutzt werden können. Je näher sie am Äquator liegen, desto besser sind die Flugbedingungen, hat Helene gehört. Und der nächstgelegene Weltraumbahnhof befindet sich in Spanien.

Der Start ist für den nächsten Abend geplant. Die Wettervorhersage ist gut, es sollte keine Verzögerungen geben. Am Abend lernt Familie Mundus die anderen Mitreisenden kennen: Ein älteres Ehepaar aus Madrid sowie ein alleinerziehender Vater aus Marseille mit seinem Sohn in Lunas Alter. Die Kinder verstehen sich auf Anhieb gut, auch dank der Dolmetscher-App auf dem Smartphone. Später stellen sich auch die Pilotin und die Reisebegleitung vor. Die Pilotin ist eigentlich gar keine Pilotin, denn die Rakete fliegt autonom und wird von der Erde aus überwacht. Aus Sicherheitsgründen muss aber immer jemand an Bord sein, der notfalls die Instrumente bedienen kann.

Der Vormittag ist den Flugvorbereitungen gewidmet, aber auch einer Besichtigung des Geländes und einer Informationsveranstaltung über die Geschichte der Raumfahrt.

Dann geht es endlich los: Die Rakete wird bestiegen. Luna erinnert sich an die Bilder von früheren Weltraumflügen, bei denen die Astronauten unförmige, klobige Raumanzüge trugen. Entsprechend enttäuscht ist sie von ihrem normal aussehenden Overall, der zwar mit vielen Sensoren bestückt sein soll, die man aber gar nicht sehen kann. Dank des bereits vor Wochen durchgeführten 3D-Scans sitzen die Anzüge perfekt. Sogar Papa sieht richtig modern aus!

Der Start ist dann doch sehr aufregend. Luna kennt zwar das Wackeln beim Start eines Flugzeugs. Aber jetzt wird sie richtig durchgeschüttelt. Sie muss sofort an eine Achterbahn denken. Da schließt sie immer die Augen. Aber hier möchte sie alles mitbekommen und schaut aufgeregt hin und her. Viel sehen kann sie allerdings nicht, denn die Sitzlehnen sind nach hinten auf den Boden geklappt und durch die Fenster kann sie nur schräg in den Himmel schauen.

Je weiter sich die Rakete vom Boden entfernt, desto schwächer werden die Vibrationen. Zudem schwenkt die Rakete langsam zur Seite und gibt den Blick auf die Erde frei. Luna ist überrascht, wie klein alles aussieht. Schon jetzt sind weder Häuser noch Autos mehr erkennbar. Mit zunehmender Höhe bietet die Erde ein ganz neues Bild: farbige Flächen anstelle von Details. Die Kontinente sind deutlich von den Ozeanen zu unterscheiden und auch Wolken sind in großflächigen, faszinierenden Strukturen zu sehen. Luna hat jetzt wirklich das Gefühl, die Erde verlassen zu haben.

Zwei Tage dauert der Flug zum Mond. Kurz nach dem Start dürfen sich die Passagiere abschnallen und sich frei in der Kabine bewegen. Es gibt ein Unterdeck mit Schlafkojen für jeden und einen Aufenthaltsbereich mit einem kleinen Unterhaltungsprogramm. So faszinierend der Blick aus dem Fenster anfangs auch war, irgendwann wiederholen sich die Bilder. War zunächst die immer kleiner werdende Erde interessant, so fasziniert nun der Eindruck der unendlichen Weiten des Weltalls. Und mit der Zeit wird auch der Mond immer größer und detailreicher.

Die Reisebegleitung kümmert sich freundlich um die Passagiere und versucht, die Reise so unterhaltsam wie möglich zu gestalten. Vor allem Bewegungs- und Geschicklichkeitsspiele sind in der Schwerelosigkeit ganz anders als auf der Erde. Die Mahlzeiten sind dann doch etwas einfacher, eher wie im Flugzeug. Da es im Weltraum weder Tag noch Nacht gibt, sorgt die Innenbeleuchtung für einen stabilen Zeitrhythmus. So aufgeregt Luna auch ist, schläft sie schließlich doch ein.

Endlich ist der Mondorbit erreicht. Die Rakete bremst langsam ab, bis sie die geplante Höhe erreicht hat und in die vorgesehene Umlaufbahn einschwenkt. Faszinierend, wie anders der Mond in Wirklichkeit aussieht, wenn man ihn bisher nur von Fotos kennt. Leuchtanzeigen in den Fenstern machen immer wieder auf Besonderheiten der Mondoberfläche aufmerksam. Faszinierend ist auch der Unterschied zwischen den beiden Seiten des Mondes, der zerklüfteten erdabgewandten Seite mit all ihren Kratern und der von der Erde aus sichtbaren Seite mit den großen *Maren*, die aus der Nähe gar nicht mehr wie Meere aussehen. Auch eine der größeren Mondstationen ist als kleiner Fleck zu erkennen. Ab und zu zieht in der Ferne ein anderes Raumschiff als Lichtpunkt vorbei. Dann stehen alle an den Fenstern und winken, auch wenn das vom anderen Raumschiff aus natürlich nicht zu sehen ist.

Der Rückflug zur Erde unterscheidet sich kaum vom Hinflug. Für das Verlassen der Umlaufbahn um den Mond müssen sich die Passagiere zwar anschnallen. Doch bereits nach einer halben Stunde können sie sich wieder frei bewegen. Der Rückflug nimmt durch die stärkere Anziehungskraft der Erde weniger Zeit in Anspruch. Nachdem sie den Mond gesehen haben, sehen die Passagiere die Erde mit ganz anderen Augen. Das Blau und Grün der Erdoberfläche ist ein starker Kontrast zum unbelebten Mond. Luna, Helena und Knut verbringen die Zeit damit, Flüsse, Gebirge und Städte zu entdecken, die immer größer werden.

Das Raumschiff schwenkt nun langsam in eine Umlaufbahn ein und beginnt nach einer Weile den Eintritt in die Erdatmosphäre. Dazu müssen alle wieder zu ihren Sitzen zurückkehren und sich anschnallen. Zur Landung dreht sich die Rakete in die entgegengesetzte Richtung, da die Triebwerke zum Abbremsen genutzt werden. Dadurch ist der Blick wieder in Richtung des Weltalls gerichtet. Doch diesmal färbt die Reibungswärme beim Eintritt in die Erdatmosphäre die Luft glühend rot, was Luna Angst macht. Es scheint eine Ewigkeit zu dauern, bis der Blick aus dem Fenster wieder den gewohnten blauen Himmel zeigt.

Langsam lassen die Vibrationen der Rakete nach, bis das Raumschiff schließlich sanft auf dem Boden aufsetzt und die Triebwerke abgeschaltet werden. Luna ist gelandet! Die Passagiere sind nach der Anspannung während der Landung erleichtert und beginnen zu klatschen, wie es vor vielen Jahrzehnten auf Flugreisen üblich war.

Es dauert noch eine Weile, bis die Brücke andockt und sich die Türen öffnen. Die Überraschung kommt beim Aufstehen: Irgendwie fühlt sich die Schwerkraft komisch an! Luna muss sich konzentrieren, um beim Aussteigen nicht umzufallen. Und dann soll sie auch noch für das Begrüßungsfoto lächeln!

Der Rest der Reise ist schnell erzählt. Familie Mundus verbringt noch die Nacht sowie den nächsten Tag zur Erholung im Empfangszentrum von Space Cruises. Die medizinischen Untersuchungen ähneln dem Gesundheitscheck zu Beginn der Reise. Ansonsten bestimmen Bewegung und Entspannung den Tagesablauf. Auch wenn Lunas Vater anfangs noch unter Migräne leidet und ihre Mutter etwas wackelig auf den Beinen ist, sind am nächsten Tag alle bereit für die Heimfahrt.

So oder so ähnlich kann ein Wunschszenario für den Weltraumtourismus im Jahr 2050 aussehen. Natürlich könnten wir uns noch viel mehr wünschen: keinen lästigen Gesundheitscheck, angenehme Starts und Landungen, das Betreten der Mondoberfläche. Das wäre sicher noch schöner. Wir könnten sogar ein Szenario entwerfen, in dem wir mit unserem eigenen Weltraumauto zum Mond fliegen. Entscheidend ist ja nur, dass diese Szenarien plausibel und prinzipiell möglich sind.

Wir wollen aber nicht nur eine schöne Zukunft beschreiben, wir wollen das Szenario auch gerne realisieren. Als

Unternehmen wollen wir daraus konkrete Aktivitäten ableiten, als Privatperson vielleicht schon Geld ansparen. Deshalb haben wir ein Szenario entworfen, das heutige Entwicklungen aufgreift und im betrachteten Zeitraum realisierbar erscheint. Damit könnte unser Wunschszenario eine vernünftige Eintrittswahrscheinlichkeit haben. Dies gilt es nun zu überprüfen.

Das beschriebene Szenario zeigt zunächst, dass es nicht nur um die Entwicklung der Raketentechnologie geht. Ein touristisches Angebot geht über den reinen Flug hinaus, muss erprobt und sicher sein und zu vertretbaren Kosten angeboten werden können sein. Darüber hinaus haben Touristen Ansprüche an Komfort und Unterhaltung. Schließlich geht es um Urlaub und nicht um Arbeit. Das obige Szenario greift diese Aspekte auf und verdeutlicht einige der Herausforderungen, die es zu bewältigen gilt.

Darunter gibt es Elemente wie etwa die Anreise mit dem Hyperloop, die für den Weltraumtourismus unkritisch sind. Mit großer Wahrscheinlichkeit wird es im Jahr 2050 weiterhin nur wenige Startplätze für Weltraumreisen geben. Ob wir dann mit dem heute noch nicht existierenden Hyperloop oder doch klassisch mit Auto, Bahn oder Flugzeug anreisen werden, ist nicht entscheidend. Das Wunschszenario würde zwar nicht in der beschriebenen Form eintreten, die Mondreise an sich wäre davon aber nicht betroffen.

Dann gibt es Elemente, die in unserem Szenario erkannt werden, aber noch nicht im Detail beschrieben sind. Wie werden sich Passagiere während eines mehrtägigen Flugs in einer kleinen Kapsel beschäftigen? So spannend der Blick auf Erde, Mond und Weltraum auch sein mag, irgendwann ist Abwechslung gefragt. Dazu gehören aber auch ganz praktische Fragen. Wie schläft man, wie duscht man, wie benutzt man die Toilette in der Schwerelosigkeit? Wie sieht die Verpflegung aus? Wie schafft man Privatsphäre? Für die heutige bemannte Raumfahrt gibt es funktionierende Lösungen. Werden diese aber auch den Erwartungen von Touristen gerecht? Hieraus ergeben sich Fragen, die bis zum Jahr 2050 gelöst werden müssen.

Aber auch grundlegende Überlegungen werden angestoßen. Ist es überhaupt sinnvoll und bezahlbar, Touristen in kleinen Raumschiffen zum Mond zu fliegen? Wären große Raumschiffe für mehrere hundert Personen nicht nur angenehmer für die Passagiere, sondern auch billiger? Es ist aber ungleich schwieriger, eine ausreichend große Rakete von der Erde in den Weltraum zu bringen. Sie müsste voraussichtlich im Erdorbit bleiben. Shuttle-Flüge würden die Menschen dann zu ihr bringen.

Wird es für unser Wunschszenario überhaupt eine Nachfrage geben? Schließlich reicht die technische Machbarkeit allein nicht aus. Weltraumtourismus wird sich nur etablieren, wenn Menschen auch in den Weltraum reisen wollen und bereit sind, die vermutlich hohen Preise zu bezahlen. Der Vergleich mit einer exklusiven Schiffskreuzfahrt liegt nahe. Auch hier werden interessante Ziele angesteuert und die Reisezeit zwischen den Zielen wird mit verschiedensten Unterhaltungsangeboten überbrückt.

Im Jahr 2019 haben rund 30 Millionen Menschen an einer Kreuzfahrt teilgenommen, wobei große Kreuzfahrtschiffe mehrere tausend Passagiere aufnehmen können. Kreuzfahrten sind also schon heute erschwinglicher Massentourismus. Interessanter ist für uns der Bereich der Luxusangebote. Hier finden wir die exklusiven Destinationen, meist kleinere Schiffe mit jedem erdenklichen Service. Pro Person werden oft 20.000 Euro und mehr bezahlt, es können aber auch mal 75.000 Euro sein. Da schließt sich das bereits erwähnte Angebot der Firma Virgin Galactic, für 100.000 Dollar an den Rand des Weltraums zu fliegen, nahtlos an. Wir können vermuten, dass die Zahlungsbereitschaft für einen Flug zum Mond noch deutlich höher liegen würde.

Jedes Element des Szenarios kann durchgegangen und

überprüft werden. So ergeben sich dann realistischere Szenarien, Ansätze für erforderliche Entwicklungen, aber auch für Dienstleistungen und Geschäftsmodelle der zukünftigen Tourismuswirtschaft. Doch können wir mit Bestimmtheit sagen, dass unser nun überarbeitetes Wunschszenario Realität wird?

Nein, das können wir nicht. Bis zum Jahr 2050 wird vieles passieren, was wir heute noch gar nicht abschätzen können. Zwar hat die NASA mit ihrer *Artemis I* Mission Ende 2022 bereits die technische Machbarkeit einer bemannten Mondumrundung gezeigt. Möglicherweise wird der Weltraum aber in einigen Jahren zur militärischen Zone erklärt. Vielleicht ist es aber auch die zunehmende Menge an Weltraumschrott im Erdorbit, die die kommerzielle Raumfahrt zu gefährlich macht. Wir dürfen uns daher nicht nur auf unser Szenario vorbereiten, sondern müssen weitere Szenarien betrachten, um nicht von Entwicklungen überrascht zu werden, auf die wir dann nur unzureichend reagieren können.

Wie sähe der Weltraumtourismus aus, wenn für jeden Raketenstart eine Genehmigung des Verteidigungsministeriums erforderlich wäre oder hohe regulatorische Hürden bestünden? Was wäre, wenn durch die Konkurrenz vieler Anbieter die Preise rapide fallen und Mondreisen zum Massentourismus würden? Was wäre, wenn der Flug zum Mond wenig angenehm, die Kapsel klein und das Unterhaltungsangebot begrenzt wäre? Viele mögliche Zukünfte sind denkbar und es lohnt sich, darüber nachzudenken. Oft können kleine Änderungen in den Annahmen große Auswirkungen auf das Gesamtbild haben.

Mit unserem Wunschszenario haben wir uns ein Bild der Zukunft gezeichnet. Versuchen Sie es einmal selbst. Wählen Sie ein Thema, das Ihnen gut bekannt ist. Es kann mit Ihrem Alltag oder mit Ihrem Beruf zu tun haben. Es kann aber auch sehr abstrakt sein, wie zum Beispiel das Bildungs- oder Gesundheitssystem der Zukunft. Stellen Sie sich dann vor, wie das von Ihnen gewählte Thema in zehn Jahren aussehen wird. Der Abstand von zehn Jahren reicht unserem Gehirn in der Regel aus, um sich von der Gegenwart zu lösen und im Bild der Zukunft nicht nur bereits bekannte Elemente einzubauen. Zehn Jahre sind ein Richtwert, es können auch einige Jahre mehr oder weniger sein.

Stellen Sie sich nun die Zukunft so plastisch wie möglich vor. Noch besser: Stellen Sie sich selbst in dieser Zukunft vor. Was ist Ihre Rolle? Was tun Sie persönlich? Versetzen Sie sich in Ihr Szenario hinein und ergänzen Sie Details: Wie ist das Wetter? Welche Kleidung tragen Sie? Welche Form und Farbe haben die Gebäude in Ihrer Zukunftsvision? Im Szenario des Weltraumtourismus habe ich die Form einer Geschichte gewählt, um einerseits an Elemente zu denken, die für eine Reise zum Mond relevant sind, aber nicht unmittelbar mit dem Flug selbst zu tun haben. Durch die Erzählform der Geschichte werden wir aber auch Teil der Handlung. Wir können uns den Verlauf intensiver vorstellen, wir können fühlen, was unsere Hauptfiguren empfinden.

Haben Sie sich Ihre Zukunft ausgemalt? Dabei haben Sie vermutlich gemerkt, wie anstrengend es ist, eine grobe Idee mit Inhalten zu füllen und an welche Elemente und Details Sie denken müssen, um ein stimmiges Bild zu erzeugen. In dieser intensiven Auseinandersetzung mit einem Szenario liegt der eigentliche Mehrwert. Der Flug zum Mond ist schon heute technisch möglich. Es braucht aber viel mehr, um daraus eine Tourismusindustrie entstehen zu lassen. Erst das Gesamtbild macht ein Szenario aus.

Nach unserer Geschichte vom Mondflug haben wir uns mit der Wahrscheinlichkeit des Szenarios beschäftigt. Dazu haben wir einzelne Elemente herausgegriffen und auf ihre Realisierbarkeit geprüft. Versuchen Sie das nun mit Ihrem Szenario. Was Sie feststellen werden: Wenn Sie erst einmal ein Zukunftsbild gezeichnet haben, können Sie beliebig leicht wieder dorthin zurückkehren, es sich erneut vorstellen, erweitern und verändern. Das ist ein entscheidender Vorteil von Szenarien. Als im Jahr 1973 die Ölkrise über die Welt hereinbrach, hatte Shell diese Zukunft bereits gedacht, konnte das vorher erstellte Szenario an die tatsächlichen Ereignisse anpassen und kurzfristig reagieren.

Mit dem Weltraumtourismus im Jahr 2050 wollte ich Ihnen die Anwendung der Szenarioanalyse verständlicher machen. In der Praxis gibt es verschiedene Vorgehensweisen, wie Szenarien entwickelt und beschrieben werden, von blumigen Geschichten bis hin zu nüchternen, stichwortartigen Analysen. Allen gemeinsam ist das Bestreben, durch die Auseinandersetzung mit den Unsicherheiten, den Chancen und Risiken, die die Zukunft mit sich bringt, einen besseren Weg in die Zukunft zu finden, vielleicht sogar eine bessere Zukunft zu gestalten. Nicht nur die Szenarien selbst, sondern auch der Prozess ihrer Erstellung ist wertvoll. Die Gespräche und Diskussionen unter den Beteiligten führen nicht nur zu besseren Szenarien, sie erweitern den Horizont des Einzelnen und steigern die Motivation, den Erkenntnissen dann auch Taten folgen zu lassen.

# ZUSAMMENFASSUNG

Die Zukunft ist komplex, wir können sie nicht berechnen. Es gibt Phasen mit exponentiellen Veränderungen, deren Geschwindigkeit wir kaum begreifen. Und dann gibt es wieder stabile Phasen mit langsamen Entwicklungen. In aller Komplexität finden wir wiederkehrende Muster, die sich mit leichten Abwandlungen wiederholen. Denn auch Komplexität beruht auf Mechanismen und Wechselwirkungen, die aber so vielfältig sind, dass wir sie nicht im Detail erfassen und verstehen können.

So gibt es Mechanismen, wie sich Neuerungen in der Gesellschaft ausbreiten, wie die Gesellschaft über den Einsatz von Technologien entscheidet und wie Technologien wiederum die Gesellschaft verändern. Es gibt zyklische Abläufe, von natürlichen Jahreszyklen bis hin zu den 50 Jahre andauernden Kondratjew-Wellen. Es gibt kontinuierliche Veränderungen wie Trends, darunter Megatrends, die sich über Hunderte von Jahren in eine Richtung entwickeln können, auch wenn sie hin und wieder Schwankungen unterliegen, Schübe und Stagnationen zeigen, um dann wieder auf den ursprünglichen Pfad zurückzukehren. Erkennen wir die frühen Anzeichen der Veränderung und verstehen wir die Mechanismen und Muster, können wir die weitere Entwicklung erahnen und frühzeitig auf das Entstehende reagieren.

Menschen spielen bei Veränderungen oft eine entscheidende Rolle. Einzelpersonen können Auslöser oder Treiber des Neuen sein, seien es der Innovator, der Unternehmenslenker oder die charismatische Führungspersönlichkeit. Aber die Zeit muss reif, die Gesellschaft muss bereit sein, damit diese Menschen auch bleibende Veränderungen bewirken können. Denn jede Veränderung wird auf Widerstand stoßen, da sie auch immer zu Verlierern führt, zu Menschen, die sich im Status quo eingerichtet haben und den Verlust fürchten. So wird jede Veränderung durch eine Vielzahl von Individuen beeinflusst. Die individuellen Handlungen jedes Einzelnen sind schwer vorherzusagen, aber seine Rolle in der Gesellschaft gibt Hinweise auf sein mögliches Verhalten. Und wenn wir die Gesellschaft als Ganzes betrachten, werden erneut bekannte Muster sichtbar.

Neue Technologien sind starke Treiber von Veränderungen. Sie passieren aber nicht einfach, sondern werden von Menschen gemacht. Neue Technologien haben in der Regel frühe Vorläufer. Sie haben ihre Wurzeln in älteren Technologien und den gesellschaftlichen Bedürfnissen und Weltbildern. Sie entwickeln sich nicht unabhängig von der Umwelt, sondern benötigen Entwicklungsfortschritte in anderen Technologien, Methoden, Anwendungsfeldern, um ihr Potenzial zu beweisen. Bleiben diese aus, kommt die neue Technologie zum Stillstand, bis der Engpass überwunden ist und ein neuer Schub einsetzt.

Technologie verändert aber auch unser Verhalten. Um sie zu nutzen, müssen wir uns möglicherweise von bisherigen Technologien verabschieden. Wir eignen uns neue Gewohnheiten und Verhaltensweisen an und tun Dinge, die wir vorher gar nicht oder deutlich schwerer konnten, bis wir irgendwann nicht mehr zum alten System zurückkehren können. Auch die Übergänge von einer alten Technologie zu einer neuen sind von wiederkehrenden Abläufen geprägt und zeigen Muster, durch die wir die Zukunft besser verstehen können. Technologie verändert unser Leben bei allem Nutzen nicht immer nur zum Guten.

Neue Technologien können auch disruptiv sein, indem sie den Status quo radikal verändern, den evolutionären Entwicklungspfad und die damit verbundenen Planungen, Abläufe und Prozesse über den Haufen werfen und neuen Akteuren zum Erfolg verhelfen. Neue erfolgreiche Unternehmen entstehen, alte verlieren an Einfluss oder verschwinden in der Versenkung. Die entstehenden Turbulenzen eröffnen neue Wege in die Zukunft und erschweren die Vorausschau, bis der disruptive Wandel vollzogen ist und sich das neue Ökosystem eingeschwungen hat.

Es gibt zwei grundlegende Vorgehensweisen, in die Zukunft zu blicken. Einerseits können wir von der Gegenwart ausgehen und die heutige Welt in die Zukunft denken. Dabei suchen wir in der Komplexität stabilere Teilbereiche, deren Entwicklung wir verstehen können. Das sind Bereiche, die sich durch klare Rahmenbedingungen von der Umwelt entkoppeln und nur geringe Wechselwirkungen mit ihr haben. In diesen Bereichen können wir nach Mustern der Veränderung suchen. Manches dort wird stabil bleiben und vielleicht finden wir zyklische Abläufe. Aber wir werden auch Trends finden, kontinuierliche Veränderungen.

Trends geben Orientierung, machen die Komplexität beschreibbar und analysierbar. Je stärker Rahmenbedingungen die Wechselwirkungen mit der Umwelt begrenzen, desto stabiler verläuft die Entwicklung und desto klarer können wir die Zukunft einschätzen – solange, bis die Rahmenbedingungen durchbrochen werden oder Faktoren auftauchen, die vorher keinen Einfluss ausgeübt haben. Wir müssen also konsequent nach Ereignissen Ausschau halten, die diese Rahmenbedingungen und damit unsere Trends verändern können.

Wenn wir die Zukunft langfristig verstehen wollen, wird es unmöglich, von der Gegenwart aus zu denken. Es gibt einfach zu viele Einflüsse, die den Lauf der Welt verändern. Dann müssen wir in Szenarien denken, in verschiedenen Bildern der Zukunft. Wir wissen, dass es Überraschungen und Umbrüche geben wird. Und je weiter wir in die Zukunft denken, desto wahrscheinlicher werden heute noch unerwartete und vielleicht sogar unvorstellbare Ereignisse. Deshalb müssen wir auch unwahrscheinliche und sogar verrückte Szenarien in Betracht ziehen, wobei jedes Zukunftsbild in sich schlüssig und widerspruchsfrei sein muss. Nur mit einer Reihe unterschiedlicher Szenarien können wir für die wahrscheinliche Zukunft planen, das wünschenswerte Zukunftsbild anstreben und auf weitere mögliche Entwicklungen vorbereitet sein.

Denn vor Überraschungen sind wir nicht gefeit. Wir wissen nicht im Voraus, wann und in welcher Form sie plötzlich auftreten und unsere Welt verändern. Im Nachhinein werden wir vielleicht verstehen, dass wir frühe Anzeichen falsch gedeutet oder schlicht ignoriert haben. In dem Moment aber werden unsere Pläne durchkreuzt. Zwar ist die Vergangenheit ein Anhaltspunkt, aus dem wir für künftige Überraschungen lernen können, aber es kann immer noch schlimmer kommen. Doch auch die Auswirkungen noch so heftiger Disruptionen werden mit der Zeit unsichtbar, die Erinnerung verblasst.

Der australische Zukunftsforscher Sohail Inayatullah hat mit dem *Zukünfte-Dreieck* ein einfaches Denkmodell zur systematischen Auseinandersetzung mit der Zukunft eingeführt. Stellen Sie sich das Dreieck als den Raum möglicher Zukünfte vor. Dann stehen die drei Ecken für die verschiedenen Einflussfaktoren, die an der Zukunft ziehen: der *Stoß der Gegenwart*, das *Gewicht der Vergangenheit*, sowie der *Sog der*

*Zukunft.* Je stärker ein einzelner Faktor zieht, desto mehr wird die Zukunft von ihm beeinflusst.

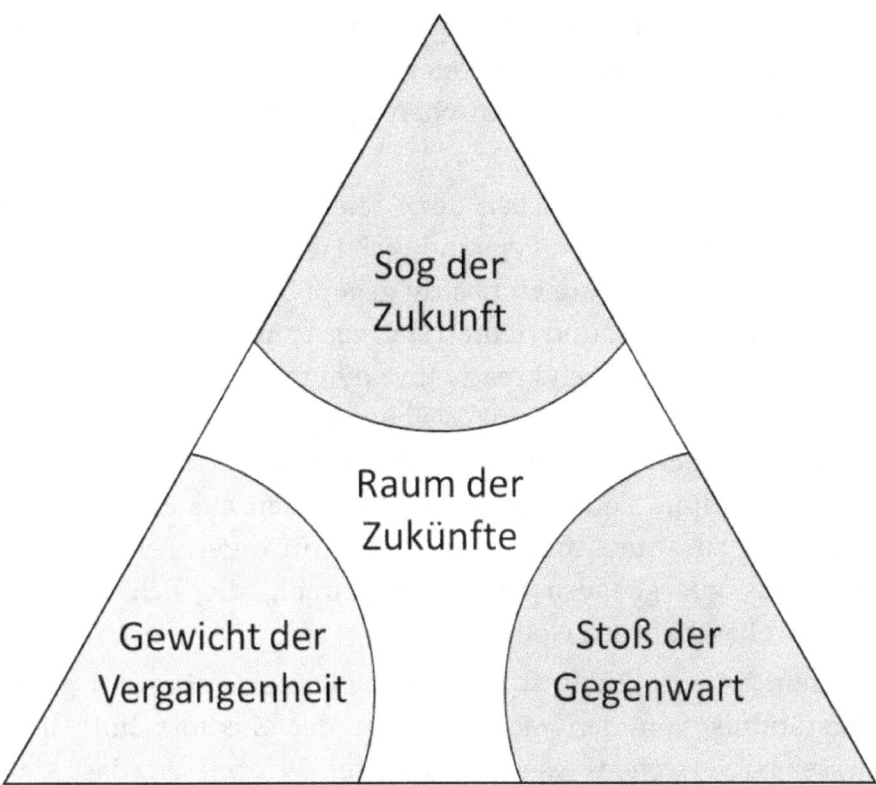

Mit dem Zukünfte-Dreieck können wir die bereits bekannten Elemente einordnen. Der Stoß der Gegenwart umfasst die gegenwärtigen Veränderungen, die wir bei genauer Beobachtung mal als mächtigen Trend, manchmal aber auch nur als schwaches Signal wahrnehmen. Dazu müssen wir die Gegenwart analysieren und ihre Dynamik erkennen.

Das Gewicht der Vergangenheit bildet die Basis, auf der diese Veränderungen entstehen, die sie aber auch einschränkt oder behindert. Wir haben über Randbedingungen gesprochen, über langlebige Infrastrukturen und langsam veränderbare Vorschriften und Gesetze. Dazu gehört auch die Prägung einer Gesellschaft, ihre moralischen Werte und sozialen Normen, wie zum Beispiel ihre Einstellung zur Technologie.

Der Sog der Zukunft bringt schließlich den gestaltenden Blick ins Spiel. Indem wir uns Ziele setzen, können wir die Zukunft verändern. Denken Sie an Unternehmensvisionen und (Technologie-) Wettbewerbe oder an die Szenariotechnik, mit der wir gezielt auf eine wünschenswerte Zukunft hinarbeiten können.

Mit Blick auf die drei Ecken des Dreiecks fragen Sie sich nun einmal selbst: Welcher Typ sind Sie? Lieben Sie das Neue und stehen Sie Veränderungen positiv gegenüber? Oder hängen Sie eher am Bewährten und richten sich gerne im Bestehenden ein? Vielleicht sind Sie auch kreativ und dynamisch und treiben als Visionär den Wandel voran? Welcher Typ Sie auch sind, es ist weder gut noch schlecht. Für einen realistischen Blick in die Zukunft sollten Sie sich aber mit Menschen aus den anderen Bereichen zusammenfinden und offen für deren Perspektiven sein. Das gilt genauso für Unternehmen, die sich mit der Zukunft beschäftigen wollen.

Können wir die Zukunft vorhersehen? Nein. Aber ein gutes Verständnis von den Mechanismen der Zukunft hilft uns, besser zu verstehen, was uns erwartet. Wir wissen, dass sich manche Dinge ständig ändern und dass wir bei anderen in unterschiedlichen Szenarien denken müssen. Die Zukunft wird uns weniger überraschen, wenn wir sie bereits durchdacht haben. Dann sind wir vorbereitet und können schneller reagieren. Doch wir sollten ehrlich zu uns selbst sein und auch unbequeme Entwicklungen als Möglichkeit akzeptieren. Und wir sollten nicht alles glauben, was uns vermeintliche Experten erzählen, sondern uns immer auch eine eigene Meinung bilden.

Alle unsere Entscheidungen basieren auf unseren Erfahrungen, unserem Wissen und unseren Annahmen über die Zukunft, seien sie bewusst oder unbewusst. Und mit jeder unserer Handlungen und Entscheidungen verändern wir selbst die Zukunft, wenn auch meist nur ein klein wenig.

Vielleicht brauchen wir aber auch nicht für alles ein Zukunftsbild. Manchmal ist das Leben schöner, wenn wir nicht so genau wissen, was uns erwartet. Mit Agilität und Resilienz werden wir die meisten Situationen meistern. Zukunftskompetenz hilft, die Gegenwart entspannter zu sehen und die Zukunft leichter anzunehmen. So können wir wichtige Entscheidungen bewusst treffen und uns bei weniger wichtigen Themen auch mal treiben lassen.

# VERTIEFENDE
# LITERATUR

Mit diesem Buch wollte ich Ihnen einen breiten Überblick über die Mechanismen und Einflussfaktoren geben, die den Verlauf der Zukunft bestimmen. Dabei konnten viele spannende Themen nur angerissen werden, andere blieben gänzlich unerwähnt. Für den Fall, dass ich Ihr Interesse für die Zukunft wecken konnte, finden Sie hier eine kleine Auswahl an Literatur zur weiteren Vertiefung.

Die folgenden Bücher beschäftigen sich mit grundlegenden Mechanismen hinter der Entwicklung der Zukunft:

Rogers, Everett M. (1962), Diffusion of Innovations, Free Press
Nasbitt, John (1982), Megatrends, Warner Books
Schwartz, Peter (1996), The art of the long view, Currency
Hargadon, Andrew (2003), How Breakthroughs Happen, Harvard Business School Press
Mandelbrot, Benoit B. (2004), The (Mis)behavior of Markets, Profile Books
Taleb, Nassim N. (2007), The Black Swan, Random House
Kahneman, Daniel (2011), Schnelles Denken, Langsames Denken, Siedler Verlag
Gigerenzer, Gerd (2013), Risiko, C. Bertelsmann Verlag
Tetlock, Philip E., Gardner, Dan (2015), Super Forecasting,

Broadway Books

Winter, Stefan (2015), Grundzüge der Spieltheorie, Springer Gabler

Häußling, Roger (2019), Techniksoziologie, Verlag Barbara Budrich

Wenn Sie an der Anwendung des Erlernten interessiert sind, dann finden Sie hier weitere Unterstützung:

Hines, Andy, Bishop Peter (2006), Thinking about the Future, Hinesight

Micic, Pero (2007), Die 5 Zukunftsbrillen, Gabal

Hiltunen, Elina (2013), Foresight and Innovation, Palgrave Macmillan

Conway, Maree (2016), Foresight Infused Strategy, Thinking Futures

Webb, Amy (2016), The Signals are talking, PublicAffairs

Dragt, Els (2017), How to Research Trends, BIS Publishers

Blechschmidt, Jörg (2020), Quick Guide Trendmanagement, Springer Gabler

McGonigal, Jane (2022), Imaginable, Bantam Press

Viele Bücher zeichnen Entwicklungspfade anhand historischer Beispiele nach. Hier eine kleine Auswahl, die ich mit Begeisterung gelesen habe:

Diamond, Jared (2005), Kollaps, Fischer Taschenbuch

Berstein, William J. (2008), A Splendid Exchange, Grove Press

Hänggi, Marcel (2015), Fortschrittsgeschichten, Fischer Taschenbuch

www.ingramcontent.com/pod-product-compliance
Lightning Source LLC
Chambersburg PA
CBHW072205290526
45794CB00004B/1666